Inhalt

ANJA MEULENBELT

Vorwort

Jahrelang bin ich böse gewesen. Ich hatte Gründe dafür. Um mich herum sah ich, was mit Frauen passiert war. Wie viele Frauen kleiner gemacht wurden, als sie tatsächlich sind, wie viele Frauen depressiv oder verrückt wurden, noch bevor sie jemals wirklich glücklich gewesen waren. Ich sah das vergeudete Talent, die Energie von Frauen, die im Leben anderer verschwand, ohne daß jemals etwas zurückkam. Die Kreativität, die in nutzlose Verschönerung umgesetzt wurde. Leben, die in Sackgassen führten, zerstörte Leben.

Ich selber war keine Ausnahme. Meine Geschichte war nicht einzigartig. Und als ich das entdeckte, zusammen mit anderen Frauen, war die Wut der Motor, der mein Leben veränderte, der mich dazu brachte, etwas zu leisten, was ich vorher für unmöglich gehalten hatte.

Wut ist ein Schritt weiter als Opferhaltung, ein Schritt weiter als stilles Leiden. Jahrelang war ich böse. Ich suchte nach den Schuldigen, die für all das Unrecht, das ich sah, verantwortlich waren. Der Kapitalismus, das Patriarchat, Männer. Ich klagte sie an.

Und danach? Gibt es eine Phase nach den Jahren der Wut? Ist das Feuer ausgebrannt, wenn du dich nicht mehr täglich aufregst, hast du dann deine Radikalität verloren?

Radikal bedeutet wörtlich: zurück zu den Wurzeln, zurück zum Entstehen. Nach dieser Definition bin ich radikaler als jemals zuvor. Denn meiner Meinung nach reicht es nicht mehr aus, die Schuldigen anzuklagen, die Symptome der Ungerechtigkeit zu bekämpfen. Ich bin nüchterner und sachlicher geworden, aber nicht weniger leidenschaftlich. Ich habe stärker das Bedürfnis zu verstehen, als zu beschuldigen. Verständnis ist für Frauen immer eine Falle gewesen. Verständnis für die Männer, die schlugen, hielt Frauen in ihrer Unterdrückung gefangen. Mit Verständnis meine ich nicht Vergeben und Vergessen. Ich meine: tiefer nach den Ursachen von Unterdrückung suchen. Nicht mehr die Frage, wer hat Schuld, sondern wie können wir etwas verändern. Wie sind Männer zu Männern gemacht worden, zu Ausführern eines Systems, zu Handlangern eines Systems, das für Frauen schlecht ist? Wie sind Frauen zu Frauen gemacht worden, was hat die Unterdrückung mit uns gemacht, wie hat sie uns verletzt und wie wälzen wir unsere Unterdrückung ab, aufeinander, auf unsere Kinder? Und in jedem Fall: gibt es, wenn wir mehr von den Wurzeln der Unterdrückung verstehen, nicht effektivere Wege als nur blind vor Wut um uns zu schlagen und auf die Schuldigen zu zeigen. Wie können wir aufhören, Opfer zu sein, wie können wir unsere Macht zurückerlangen? Wie können wir die revolutionäre Geduld aufbringen, um diesen langen Weg durchzuhalten?

Wenn Aggression dasselbe bedeutet wie Streitbarkeit, dann bin ich weniger militant als früher. Wenn Streitbarkeit bedeutet, sich effektiver, zäher, beständiger und differenzierter daran zu machen, jede Form von Unterdrückung abzuschaffen, dann bin ich streitbarer als jemals zuvor. Was mich betrifft, gibt es eine dritte Phase nach dem Opferdasein und nach der ersten Wut. Eine Phase, in der Wut sich in Kreativität und Beständigkeit verwandelt hat und die als eine Weiterentwicklung zu betrachten ist. Einige betrachten das als Rückfall. Für andere, die an diesem Prozeß teilnehmen, ist es ein Schritt nach vorn.

In dieser Artikelsammlung, die zweite, die in Deutschland nach „Feminismus, Aufsätze zur Frauenbefreiung", erscheint, sind einige der Ergebnisse dieser Entwicklung zu sehen. Ich achte mehr als früher auf die Unterschiede und Probleme zwischen Frauen und darauf, wie diese in der Frauenbewegung fortwirken. In dem Artikel „Tut ‚Führen' weh? / Schafft ‚Leiten' Leiden?" versuche ich, herauszufinden, wie unsere Gleichheitsideologie dazu führen kann, starke Frauen in einer Opferposition zu halten. In dem Artikel über Hetero- und Homobeziehungen von Frauen versuche ich, herauszufinden, wie wir als Frauen voneinander getrennt gehalten werden und wie wir, ohne dabei Unterschiede zu leugnen, einander wiederfinden können. In dem Artikel über Rassismus beschreibe ich meinen eigenen Bewußtseinsprozeß als Weiße: Hautfarbe ist *eine* der Trennungslinien zwischen Frauen. In dem Artikel über Männer denke ich darüber nach, was wir als Frauen nun eigentlich von Männern wollen, wenn wir mehr wollen, als sie nur zu beschuldigen. In einem Artikel über Co-counselling erzähle ich etwas über den fortlaufenden Bewußtseinsprozeß und wie Co-counselling dabei helfen kann, über die reine Trauer und unbändige Wut hinauszukommen. In dem Artikel über meine Arbeit in Frauengruppen beschreibe ich das auch, nämlich den Lernprozeß, als Frauen zusammenzuarbeiten, uns durch die Unterschiede untereinander, durch die verlorenen Illusionen und Träume durchzuarbeiten.

Viele Fragen bleiben offen, neue Fragen stellen sich, in diesem Buch und nach diesem Buch. Die Entwicklung geht weiter.

Anja Meulenbelt
Amsterdam, 7. Juli 1983

DAS PERSÖNLICHE
BLEIBT POLITISCH

Co-Counselling* als politisches Mittel

Im Grunde ist es nicht sehr sinnvoll, über Co-counselling zu *diskutieren*. Die Behauptung, es selbst mitgemacht haben zu müssen, scheint ein wenig dürftig, aber bei einer Methode, bei der die Theorie so unmittelbar aus der Praxis hervorgegangen und die so eng mit der Praxis verbunden ist, ist es beinahe unmöglich, die Theorie ohne die dazugehörenden Erfahrungen zu beurteilen. Was ich über Co-counselling las, bevor ich es praktizierte, sagte mir auf jeden Fall wenig und kam mir auch dann immer noch naiv vor. Was die „Diskussion" außerdem erschwert, sind die Gefühle, die dabei hervorgerufen werden, und diese Gefühle sind nicht unberechtigt. Ein großes Mißtrauen allem gegenüber, was nach Therapie, nach einer Sekte, nach apolitischer Nabelschau riecht, trübt den Blick für Co-counselling. Ein verständliches Mißtrauen: Alle miteinander haben wir viele schlechte Erfahrungen mit Quacksalberei in allen möglichen neu aus dem Boden geschossenen „Heils"-lehren gemacht. Wir alle kennen die Geschichten über Therapeuten, die alles, was uns behinderte, individualistisch auf „eigene Schuld" zurückführten. Und wir alle haben ein Beispiel einer Feministin, die sich selbst entdeckte und in den Wolken entschwand und uns mit den Kämpfen in den Gewerkschaften und für das Abtreibungsgesetz zurückließ. Dieses Mißtrauen läßt uns kritisch sein, und das ist gut so. Es führt aber gleichzeitig dazu, daß wir schon mal geneigt sind, das Kind mit dem Bade auszuschütten, und das ist schade. Der Grund dafür, daß ich diesen Artikel trotzdem schreibe, ungeachtet der Tatsache, daß es schwierig ist, Menschen etwas Vernünftiges über eine so praxisbezogene Methode zu sagen, die sie nicht aus eigener Erfahrung kennen, ist, kurz wiederzugeben, warum ich Co-counselling wichtig finde und wobei es, wie ich meine, der Frauenbewegung nützen kann.

Ich schreibe diesen Kommentar nicht als Fürsprecherin der

---

* Wenn ich in diesem Artikel von „Counselling" oder „Co-counselling" spreche, dann meine ich damit das, was offiziell Re-evaluation counselling heißt. In den Niederlanden ist diese Methode relativ bekannt. Das Wesentliche am Co-counselling ist, daß es dabei hilft, alte, schmerzhafte Erfahrungen zu verarbeiten, und zu einer Wiedererlangung der Klarheit im Denken führt. Kennzeichnend ist, daß es auf Gegenseitigkeit aufgebaut ist und es im Unterschied zur Therapie keine „Patienten" und „Therapeuten" gibt. Beim Co-counselling erlernt jede/jeder selbst die Methoden und alle „counselnden" Menschen können sich gegenseitig unterstützen.

Counsellinggesellschaft, obwohl ich schon vier, fünf Jahre recht intensiv „counsel", für mich selber, bei meiner Arbeit und als Ergänzung zu meinen politischen Aktivitäten. Ich schreibe dies aus eigenem Antrieb, als eine der Frauen, die schon jahrelang aktive Feministin ist, und aus der Perspektive, was es uns als Feministinnen nützen kann.

Für mich ist Co-counselling die Fortführung dessen, was ich sowieso schon praktiziere. Vor Jahren bin ich Feministin geworden, über die Gesprächsgruppen. Teilweise existierte damals schon der gleiche Gedanke: Unsere individuellen Erfahrungen sagen etwas über die Machtverhältnisse in der Gesellschaft als ganze aus. Und diese Machtverhältnisse haben etwas mit uns gemacht, mit der Art wie wir denken, mit unseren Gefühlen, damit, ob wir zu kämpfen bereit sind oder nicht. Lange bevor ich „counselte", schrieb ich schon über „den Feind in uns selber" — das, was wir jetzt verinnerlichte Unterdrückung nennen. Die Gesprächsgruppen waren, wie sich zeigte, zumindest für mich ein ausgezeichneter Ausgangspunkt bei der Bewußtseinsentwicklung, aber ihre Grenzen waren auch schnell erreicht. Über Erfahrungen zu reden, führt vielleicht zu einer schönen Analyse, aber eine Analyse allein verändert noch nicht so viel. Um wirklich etwas zu verändern, müssen auf der einen Seite die unterdrückenden Strukturen, auf der anderen jene verinnerlichten Reste in unserem eigenen Verhalten beseitigt werden, die nämlich entweder dazu führen, daß wir uns ohnmächtiger und ängstlicher fühlen, als wir sind, oder uns verzweifeln lassen. Ausgerechnet am zähesten Punkt blieb ich stecken, nachdem meine „Bewußtwerdung" schon recht nette Fortschritte gemacht hatte: Die Kluft zwischen Gefühl und Verstand, zwischen politischer Einsicht und persönlichem Verhalten blieb noch sehr lange bestehen.

Mit Co-counselling habe ich diese Kluft zum großen Teil überbrücken können. Es lehrt mich nicht nur, wieviel meines Verhaltens von unterdrückenden Erfahrungen, die ich gemacht habe, bestimmt ist, sondern auch dieses Verhalten und das dazugehörende Gefühl zu verändern. Und es hat einen doppelten Nutzen: Denn mit einem besseren Verständnis meiner eigenen Sozialisation — wie ich das, was ich bin, geworden bin — begreife ich die Sozialisation von Frauen im allgemeinen immer besser, aber auch die Unterschiede untereinander, Unterschiede in Klassenzugehörigkeit, ethnischer Herkunft usw.

Ich gehe also nicht von dem vereinfachenden Zwei-Phasen-Modell aus, wie es hier und da in der Frauenbewegung doch manchmal noch vertreten wird: Zuerst wirst du dir bewußt, und wenn du dir bewußt geworden bist, fängst du an, politisch zu handeln. Oder: Auf das Persönliche folgt, als ein weiterer Schritt nach vorn, das Politische, und die Auseinandersetzung mit dem Persönlichen lenkt nur von dem politischen Kampf ab. Allenfalls ist es erlaubt, bei der ganzen Arbeit zwischendrin ab und zu mal zu weinen. Ich gehe davon aus, daß das Politische und das Persönliche auf eine viel kompliziertere Weise miteinander in Zusammenhang *bleiben* und daß jede Bewegung, der es nicht gelingt, auf diesen beiden Beinen zu stehen, die also entweder zu stark in dem Interesse für einzelne Menschen steckenbleibt oder nur Interesse an der Aktion nach außen hat, sich früher oder später selber das Wasser abgräbt. Co-counselling ist, wie ich meine, eines der Mittel, um diese Integration voranzutreiben. Ein Mittel zum Zweck, kein Ziel an sich, wenn ich es von meinem feministischen Standpunkt aus betrachte. Ein Mittel, das wir zu unserer Verfügung haben, um besser miteinander umzugehen, einander stärker zu unterstützen, unsere Ziele klarer zu erkennen, unsere Strategien effektiver zu gestalten, unsere Einsicht in das, was die Unterdrückung mit uns macht und wie sie entstanden ist, zu vertiefen. Und wir haben gerade erst angefangen, zu entdecken, wie wir Co-counselling als Mittel benutzen können, als Unterstützung bei dem, was wir mit der Frauenbewegung erreichen wollen.

Dieses scheint mir der Augenblick zu sein, ein Mißverständnis aus dem Weg zu räumen: Ist Co-counselling nun doch apolitisch, oder ist genau das Gegenteil der Fall, hat es die Entwicklung eines politischen Bewußtseins zum Ziel? Das Co-counselling hat ein *Ein*-Punkte-Programm und das ist, Menschen eine Methode an die Hand zu geben, verdeckte Intelligenz zurückzuerlangen, alte Erfahrungen zu verarbeiten, um mit neuen klarer umgehen zu können und um anderen Menschen dabei zu helfen. Das Co-counselling ist keine Anleitung für einen gesellschaftlichen Umsturz. Um das Zusammenleben zu verändern, sind zwei Prozesse notwendig: Der eine ist die politische Aktion, der andere ist der Veränderungsprozeß der Menschen selber, die durch die Unterdrückung beschädigt worden sind, damit sie beim Durchführen politischer Aktionen schlagkräftiger werden. Für diese beiden Prozesse steht das Co-counselling. Und bei dem ersten ist es unterstützend und anregend, aber es geht davon aus, daß der Kampf dort, wo er hingehört, geführt werden muß, in den Bewegungen, an den Orten, wo die gesellschaftlichen Veränderungen notwendig sind. Insofern geht es also sicherlich in erster Linie um das Unterstützen der individuellen Veränderungsprozesse. Es wäre allerdings ein Mißverständnis, individuell mit apolitisch und somit nicht-gesellschaftlich gleichzusetzen, als hätten die beiden nichts miteinander zu tun. Ausgerechnet beim Co-counselling ist eine Theorie und Praxis entwickelt worden, die von der Tatsache ausgeht, daß einzelne Menschen nicht nur individuelle Verletzungen erlitten haben, sondern für diese außerdem die Folgen tragen müssen, zum Beispiel dafür, daß sie in einer Klasse, in einem Geschlecht, mit einer bestimmten Hautfarbe geboren worden sind. Keine andere „Therapie" oder Selbsterfahrungsgruppe hat sich damit so sehr befaßt, selbst nicht die Radikal-Therapie-Gruppen, in denen zu der Zeit, als ich mit ihnen in Berührung kam, sehr wenig an Klassenhintergründen gearbeitet wurde.

Nicht an Stelle von ...

Jede Methode, die sich mit der individuellen Veränderung beschäftigt, muß, wenn sie effektiv sein will, auch den gesellschaftlichen Hintergründen Rechnung tragen. Das wissen wir als sozialistische Feministinnen, aber das wissen sie beim Co-counselling auch. Denn ich kann zwar in meinen Sitzungen oder meiner Counselling-Gruppe auch an meiner Angst und Wut, die sich in mir aufgestaut haben, weil ich als Frau immer wieder mit sexueller Gewalt konfrontiert werde, arbeiten, aber in dem Augenblick, in dem ich danach aus der Tür trete, ist die Situation für mich noch genauso gefährlich. Die kann ich nicht „wegcounseln". Das Co-counselling ersetzt also nicht die politische Aktion. Und Co-counselling führt auch nicht zwangsläufig zu einem politischen Bewußtsein oder zu einer aktiveren Haltung. Die Verantwortlichkeit für das eigene politische Handeln nimmt dir schließlich niemand ab. Zum Glück nicht. Was aber geboten wird, ist eine Umgebung, die ich zumindest bei meinen politischen Aktivitäten als anregend und ermunternd erfahren habe. Es wird kein Frauenworkshop stattfinden, bei dem Klassenunterschiede keine Rolle spielen. Auf workshops gegen Rassismus werden auch die Unterschiede zwischen Männern und Frauen deutlich, und in Männergruppen wird auch am Sexismus gearbeitet. Also nicht ein Versuch, jede/n nur im eigenen Klub zu isolieren, sondern einer, der das Ziel hat, aus einer eigenen Position der Stärke heraus — genauso wie wir es in der Frauenbewegung praktizieren — zu einer weiterführenden Zusammenarbeit zu gelangen. Wie ich glaube, eine wirksame Methode. Mir hat sie viel genützt, auf unterschiedlichen Ebenen. Ganz bestimmt aber hat sie zu einem Großreinemachen in meinem Gefühlshaushalt geführt, dazu, die Spuren, die meine Erziehung, schlechte Erfahrungen mit Männern, aber auch mit Frauen, in mir hinterlassen haben, zu beseitigen. Aber auch: Das Verarbeiten meiner Enttäuschungen in der Frauenbewegung, die unsinnige gegenseitige Verurteilung und der Dogmatismus, die beide immer wieder hervorbrachen und mich jedesmal mutlos zu machen drohten. Durch Co-counselling bin ich besser imstande, zu unterscheiden, ob es sich bei den Streitereien untereinander wirklich um politische Meinungsverschiedenheiten oder um die Folge verinnerlichter Unterdrückung handelt. Das hat auf jeden Fall bewirkt, daß ich nicht anfing, genauso böse zurückzuschlagen, und auch nicht weinend oder wütend das Feld räumte, sondern als Feministin noch immer aktiv und effektiv bin.

Auf der unterdrückenden Seite

Durch das Co-counselling ist mir auch stärker bewußt geworden, daß ich nicht nur auf der unterdrückten Seite des gesellschaftlichen Zusammenlebens stehe, sondern als eine mit einer „höheren" Klassenzugehörigkeit und einer weißen Hautfarbe auch auf der Seite der Unterdrücker. Über Rassismus, zum Beispiel, habe ich viel gelernt (siehe auch „Farbe bekennen", in diesem Buch): nämlich daß es nicht damit getan ist, die „richtigen" Auffassungen zu haben, wenn ich nicht gleichzeitig untersuche, woher mein Gefühl von Reserviertheit schwarzen Menschen gegenüber rührt, meine Ungelenkigkeit im Umgang mit ihnen, meine Angst, zu verletzen und etwas Verkehrtes zu sagen, mein Bedürfnis nach Lob (ich bin doch nicht wie die anderen) und meine Angst vor der Wut der Schwarzen auf die Weißen, die sich auch schon mal über meinem Haupt entladen kann. Indem ich mich weiterhin bewußt mit meiner eigenen Position als Unterdrücker auseinandersetze, habe ich zum Beispiel auch angefangen, die Arbeit, die den Männern bevorsteht, anders zu betrachten. Denn auch unter den Männern gibt es einige mit den „richtigen" Auffassungen, die aber in entscheidenden Momenten nicht die „richtigen" Gefühle haben.

Denn Männer werden — parallel zur Frauenbewegung — erst dann den Sexismus erfolgreich bekämpfen können, wenn sie selbst erkennen, wieviel Angst sie vor Frauen haben, wieviel Angst sie haben, von den Frauen in Stich gelassen zu werden, wieviel sie nur aus dem Bedürfnis nach Anerkennung und Wertschätzung tun statt aus eigenem Bedürfnis nach einem nicht-sexistischen Zusammenleben. In der Co-counsellinggesellschaft bin ich den ersten Männern begegnet, die sehr bewußt daran arbeiteten, was der Sexismus aus ihnen gemacht hat. Das hat mir zum erstenmal seit Jahren die Hoffnung wiedergegeben, daß es Männer gibt, die ernsthaft versuchen, der Unterdrückung ein Ende zu machen, nicht um mir zu „helfen", sondern weil sie es selbst wollen.

Blinde Wut

Im Kleinen, durch meine eigenen Veränderungen und die der Frauen um mich herum und durch die Gruppen, an denen ich teilnahm, sehe ich Entwicklungen, die in einem größeren Zusammenhang für die Frauenbewegung wichtig sein können. Denn auch dort brachen die Unterschiede, die viel mit verschiedenen gesellschaftlichen Hintergründen zu tun haben, hervor. Und auch da sind wir nicht immer gerade sehr bemüht, uns damit offen auseinanderzusetzen, oder so effektiv, wie wir sein könnten, wenn wir nicht in den alten Gefühlen, der Angst, dem Groll und dem Bedürfnis nach Rache steckenbleiben. Ich halte die Angst mancher Frauen, durch das Co-counselling ihre Streitbarkeit zu verlieren, für unbegründet. Diese Erfahrung habe ich jedenfalls nicht gemacht.

Sofern Streitbarkeit allerdings mit blinder Wut gleichgesetzt wird, trifft das sicher zu. Direkte Wut ist gegenüber der hilflosen, ohnmächtigen Passivität, aus der wir als Frauen kommen, ein großer Schritt vorwärts, aber es ist kein Endpunkt. Manchmal ist die erste Wut der Motor, der uns in Bewegung setzt, aber manchmal ist das Bedürfnis, wild um dich zu schlagen, nicht das wirkungsvollste Mittel, dein Ziel zu erreichen. Beispiele: Wir haben schlechte Erfahrungen mit Männern gemacht. Viele von uns haben das Bedürfnis, nicht dazu verpflichtet sein zu müssen, mit Männern umzugehen. Verständlich. Aber was uns nicht hilft, ist, wenn uns dieses Gefühl daran hindert, mit Männern in Augenblicken, in denen sachliche Verhandlung notwendig oder strategisch sinnvoll ist, ohne allzu große verbitterte Feindseligkeit zusammenzuarbeiten. Es nützt uns ganz und gar nichts, wenn dieses Gefühl unverarbeitet bleibt und womöglich in eine Ideologie umgewandelt wird, die sagt, daß es unfeministisch ist, mit Männern zusammenzuarbeiten. Ein anderes Beispiel: Viele Frauen sind von anderen Frauen, die nicht so aktiv sind wie sie oder andere Auffassungen haben, enttäuscht. Du kannst diesem Gefühl nachgeben und nichts mehr mit diesen Frauen zu tun haben wollen. Du kannst es womöglich zu einer Ideologie erheben und eine Kampagne gegen diese Frauen in Gang setzen. Hilft das der Frauenbewegung? Oftmals überhaupt nicht. Manchmal ist es besser, völlig entgegen deinen Gefühlen, aber mit einem klaren Verstand, ganz überlegt vorzugehen statt deiner Wut und deinem Rachebedürfnis freien Lauf zu lassen. Manchmal ist es besser, mit jemandem in aller Ruhe zu verhandeln, als ihn aus deiner gerechtfertigten Wut heraus an die Wand zu klatschen; manchmal ist es auch besser, eher mit Frauen zusammenzuarbeiten, die du persönlich nicht weiter kennst. Das Counselling hilft, diese Klarheit, die dafür notwendig ist, zu erreichen, das ist meine Erfahrung. Meine Kampfbereitschaft hat sich nicht verringert. Meine Durchschlagskraft hat sich aber erhöht. Kurz, wer im Co-counselling eine neue Heilslehre sucht, eine Garantie für die Politisierung von *Anderen*, eine Art „Instant"-Lebenserfüllung, ein völlig ausgearbeitetes Konzept, wie wir von hier aus in die bessere Zukunft gelangen, kommt dafür sowieso zu spät. Wer mit realistischen Erwartungen mit Co-counselling arbeitet, es als Mittel zum Zweck ansieht, als Mittel, das eigene Leben neben dem Kampf auch noch fröhlich zu erhalten, als Unterstützung bei diesem Kampf, als *eines* der möglichen Kampfmittel, kann großen Nutzen davon haben.

TUT "FÜHREN" WEH?
SCHAFFT "LEITEN" LEIDEN?

Sie sagt zu mir: „Daß die X in diesem Radioprogramm mitgemacht hat, ist doch nichts weiter als ein Egotrip." Sie kennt X nicht. Ich zufällig schon. Ich weiß, daß sie dasaß und Blut und Wasser geschwitzt hat, bevor sie ja sagte; ich weiß, daß sie es sich zehnmal überlegt hat, ob irgendeine andere es nicht besser könnte, aber keine es sich zutraute.

Von einer anderen höre ich: „Die Y hat es nur geschafft, in die Redaktion der Z zu kommen, weil sie dort Freundinnen sitzen hat." Sie kennt Y kaum. Ich kenne die Situation bei der Zeitschrift Z und weiß, daß sie Y wegen ihrer guten Leistungen genommen haben und weil sie glaubten, gut mit ihr zusammenarbeiten zu können. X und Y werden nicht erfahren, was über sie gesagt wurde, es sei denn, ich erzähle es ihnen.

Hin und wieder erfahre ich über mehrere Ecken, was über mich geredet wird. Und ab und zu, sei es zwischen den Zeilen oder auch nicht, lese ich die unfreundlichen Dinge, die von anderen Feministinnen über mich und andere Feministinnen erzählt werden. „Freundinnenmafia" wird gesagt, wenn du jahrelang mit anderen zusammenarbeitest, um regelmäßig eine Zeitschrift erscheinen zu lassen. „Die von dem ‚braintrust', die meinen, daß sie der Bewegung vorschreiben können, was sie denken soll", heißt es, wenn du mit anderen Frauen zusammen einen Verlag gründest.

Wir gehen in der Frauenbewegung nicht sehr pfleglich mit „Führung"[1] um. Wir gehen nicht sehr pfleglich mit Frauen, die „führen", um, mit Frauen, die die Initiative ergreifen, die erfahren sind, die besondere Fähigkeiten haben, kurz gesagt, mit starken Frauen, die, auf welchem Gebiet auch immer, den anderen voraus sind. Ich sehe in meiner Umgebung, wie viele Frauen sich für etwas, das sie gut können, entschuldigen. Gelegentlich beobachte ich, daß Frauen, die Verantwortung für etwas, wie zum Beispiel für das Leiten einer Aktion, das Organisieren eines neuen Projektes oder für den Aufbau eines feministischen Betriebes übernehmen, wenig Unterstützung erhalten oder mit Mißtrauen konfrontiert werden. Manchmal mit Anschuldigungen wie, sie nähmen zuviel Raum ein, zeigten „Männerverhalten" oder unterdrückten sogar andere Frauen. Ich sehe, wie Frauen, die dennoch eine leitende Funktion übernehmen, häufig in die Isolation geraten. Ich sehe, wie es sich andere Frauen, die das voraussehen, lieber zehnmal überlegen, bevor sie eine solche Verantwortung übernehmen. Ich glaube, daß diese Art von Problemen nicht nur die individuellen

Probleme „starker" Frauen sind, auch wenn es oft so aussieht. Womit wir es zu tun haben, ist, daß, was Führung anbelangt, in der Bewegung eine Verwirrung besteht, die die gesamte Frauenbewegung etwas angeht. Wir haben es mit typischen Verhaltensmustern von Frauen, mit verinnerlichter Unterdrückung zu tun. Damit meine ich, daß wir nicht nur von außen unterdrückt sind, sondern uns dadurch auch Schäden zugezogen haben. Wir haben die Auffassungen, die unsere Unterdrücker von uns haben, „geschluckt". Durchschnittlich haben wir weniger Selbstvertrauen und sind uns unserer Macht weniger bewußt, als wir es sein könnten, und wir reagieren einen großen Teil unseres Hasses, den wir durch unser Unterdrücktsein angesammelt haben, in Form von Konkurrenzverhalten und Mißtrauen aneinander ab, genauso wie jede andere unterdrückte Gruppierung auch. Die Solidarität und das gegenseitige Vertrauen — beides brauchen wir — entstehen nicht von ganz allein, wir müssen uns beides erarbeiten. Dafür müssen wir begreifen können, wie diese verinnerlichte Unterdrückung aussieht.

Bevor ich damit fortfahre, das, was ich meine, deutlicher zu machen, muß ich etwas über die Gründe sagen, die mich dazu bewogen haben, diesen Artikel zu schreiben. Ich betrachte die Situation nicht vom Standpunkt einer „Überparteilichen" aus, denn ich bin auch so eine „starke" Frau in der Bewegung. Ich schreibe und habe damit Einfluß innerhalb der Bewegung und bin außen anerkannt. Ich habe eine Stellung als Begleiterin von Frauengruppen in der beruflichen Fortbildung. Ich besitze, dadurch daß ich Mitglied eines Verlages und mehrerer Redaktionen bin, einige Machtpositionen und noch mehr lauter solcher Sachen. Ich habe also allerhand Erfahrung damit, wie innerhalb der Frauenbewegung mit Frauen, die „führen", umgesprungen wird, und viele davon sind keine angenehmen Erfahrungen. Bewunderung ist nicht so schön, wie es scheint, sie schafft Distanz und Erwartungen, die nicht zu erfüllen sind. Ich habe mich daran gewöhnen müssen, daß fast schon von vornherein an meiner Integrität gezweifelt wird, als machte ich meine feministische Arbeit nur, damit es mir selber besser geht, und nicht aus dem Bedürfnis heraus, daß es mit der Unterdrückung der Frauen ein Ende haben muß. Ich muß mich noch immer daran gewöhnen, über mehrere Ecken immer wieder wilde Gerüchte über mich zu hören, über die Vermögen, die ich auf dem Rücken der Frauenbewegung verdient haben soll, über meinen unglaublichen Geltungsdrang und meinen Egoismus, vor allem von Frauen, die mich gar nicht oder nur wenig kennen. Phantasiegebilde, Projektionen. Jedesmal wieder muß ich meinen Wunsch unterdrücken, mich zu verteidigen, zu erklären, was ich alles *nicht* tue, um die schädlichen Nebenwirkungen so weit wie möglich in Grenzen zu halten, zu erklären, wieviel Mühe es mich kostet, auf meine Arbeit stolz zu bleiben, mich nicht zu entschuldigen und mich nicht kleiner zu machen, als ich bin. Ich habe lange dazu gebraucht, zwischen den Angriffen, die meiner Person, und denen, die meiner Funktion gelten, einen Unterschied machen zu können. Gerade weil du oft als Person angegriffen wirst, wenn eigentlich die Funktion gemeint ist. Ich habe auch lange dazu gebraucht, gerechtfertigte Kritik und ungerechtfertigtes Mißtrauen voneinander trennen zu können, wenn diese wie ein bis zum Rande gefüllter Eimer über mich ausgeschüttet werden, um überhaupt noch die Kritik, die mir etwas nützen könnte, hören zu können.

Es geht mich also etwas an, dieses Thema. Und es ist möglich, daß dieser Artikel durch die alten Verletzungen, die mir zugefügt worden sind, böser ausfällt, als es gut ist. Es wird wohl auch deutlich sein, daß ich diesen Artikel vor allem aus der Sicht der „Führenden" schreibe, obwohl es noch genauso viel über den Standpunkt der „Geleiteten" zu sagen gäbe. Mir fällt es nicht leicht, diesen Artikel zu schreiben. Lieber würde ich darüber reden, Erfahrungen austauschen, so wie ich das in den Kreisen der Frauen, mit denen ich zusammenlebe und -arbeite, gewohnt bin. Hier steht (und wirkt) es jetzt so schwarz-weiß. Und dennoch. Ich finde es notwendig, daß wir etwas offener mit dem Thema „Führung" umgehen. Ich würde es gerne aus dem Dunstkreis des Klatsches in die Nähe der Diskussion und des Erfahrungsaustausches rücken wollen.

Was ist das Problem?

Wenn ich es sehr schematisch darstelle, läßt sich folgender Mechanismus erkennen: Eine Frau wird Dozentin für Frauenforschung an der Universität oder erhält als Vertreterin der Feministinnen einen Sitz in einer Gewerkschaft oder politischen Partei, oder sie beginnt im Bereich der Medien ein Rundfunkprogramm zu gestalten. Im Prinzip sind dies für die meisten Feministinnen sinnvolle Dinge. Aber in dem Moment, in dem die Frau dort dann sitzt, kommt es zu Schwierigkeiten, die sie nicht vorausgesehen hatte: Sie muß sich nicht nur gegen den „Feind" verteidigen, sondern auch gegen ihre eigene Basis oder Teile der Frauenbewegung. Die Geschichten, die — meist hinter ihrem Rücken — über sie erzählt werden, sind nicht immer gerade nett. Macht sie ihre Karriere nicht auf Kosten der Frauenbewegung? Kann man ihr noch vertrauen, haben „die" sie nicht schon korrumpiert? Du kannst als Frau in einer solchen Situation mehrere Dinge tun. Dich lossagen und damit das Vorurteil „Siehst du wohl, jetzt, wo sie ihren Posten erst einmal hat, will sie keine Verantwortung mehr abgeben", bestätigen. Und du kannst so hart werden, daß die Distanz, vor der alle Angst hatten, von selber entsteht und genau das, was sie dir sowieso schon vorgeworfen hatten, herauskommt: Ein Alleingang.

Es kann sich auch so darstellen: Schon seit Jahren sind alle der Meinung, daß es im Ort ein Frauencafé, Frauenrestaurant, einen Frauenverlag und eine Frauenzeitung geben sollte. Eine oder mehrere Frauen ergreifen die Initiative, um es in die Tat umzusetzen. Und je erfolgreicher das Projekt wird, desto mehr schlägt ein Teil der Hilfe in Mißtrauen um: Ihr nehmt anderen Frauen den Platz weg, ihr habt eine Monopolstellung, ihr habt Macht über andere Frauen.

Ich übertreibe um der Deutlichkeit willen. Ich will auch absolut nicht alles, was von führenden Frauen gemacht wird, sozusagen durch dick und dünn verteidigen. Es spielen unbestritten viele unsaubere Motive mit, wenn sich jemand dazu entschließt, Führung zu übernehmen.

Es gibt Frauen, die mit dem „Bemuttern" nicht aufhören und Verantwortung nicht an andere abgeben können. Es gibt alte Bedürfnisse, wie im Mittelpunkt stehen zu müssen und die Aufmerksamkeit auf sich zu ziehen, um dir wie „jemand" vorkommen zu können. Ein großer Teil der „Führung" wird nicht geteilt, obwohl es eigentlich sein müßte, und es *gibt* Frauen, die in dem Augenblick, in dem sie selber bequem auf ihren Stühlen sitzen, vergessen, wofür sie das alles überhaupt tun. Es *gibt* Frauen, die den Anstoß, den sie von der Frauenbewegung bekommen haben, mißbrauchen, denen ihre Karriere wichtiger als ihr Feminismus ist. Was ich aber zu sagen versuche, ist, daß wir uns innerhalb der Frauenbewegung kaum im klaren darüber sind, wie wir mit Führung umgehen wollen, daß wir kaum verstehen, woher das gegenseitige Mißtrauen kommt, daß wir uns kaum Gedanken über Wege, wie wir mit den Unterschieden untereinander umgehen können, machen. Zu oft bleiben wir in den Gefühlen stecken, wir kümmern uns zu wenig um Analysen, zu wenig um Lösungen.

Ein peinlicher Zwischenfall

Ein Bild. Ein Vorfall, der lange genug zurück liegt, um nicht mehr peinlich zu sein. Ein Feminismus-Sozialismus-Kongreß. Ich komme mit einer Frau ins Gespräch, die schon eine ganze Weile neben mir saß und als sie meinen Namen hört, ziemlich böse zu mir herüberschaut. Dann erzählt sie mir, was sie mir vorwirft. Daß ich ,Feminismus und Sozialismus' geschrieben habe und daß jeder jetzt denkt, daß meine Sicht *die* Fem-Soc-Sicht ist. Aber das steht da doch nicht, sage ich, sofort in die Verteidigungshaltung gedrängt. Aber jeder glaubt das doch, sagt sie, denn du bist bekannt. Wenn du damit nicht einverstanden bist, dann schreib doch selber, wie du darüber denkst, sage ich. Ich kann nun mal nicht schreiben, sagt sie, du aber schon. Sie sagt es vorwurfsvoll. Das Gespräch geht noch eine Weile so weiter. Ich mache ihr Vorschläge: Daß sie zusammen mit anderen einen Artikel schreiben kann, daß es doch nicht gleich ein Buch zu werden braucht, sondern daß sie auch einen Aufsatz schreiben oder sogar ein Flugblatt entwerfen kann. Ich schlage ihr eine Lösung nach der anderen vor, erzähle ihr, daß nach gut geschriebenem Material ein großes Bedürfnis besteht, daß es nicht so schwierig ist, wie es aussieht, es veröffentlicht zu bekommen, aber es ist eindeutig, daß nichts hilft. Ich gehe mit einem blöden und ärgerlichen Gefühl nach Hause, sie wahrscheinlich auch.

Der Artikel, den sie hätte schreiben müssen, kommt natürlich nicht. Und ich denke nach. Wieviel von diesem Problem kann ich individuell lösen, wieviel davon steckt in der Bewegung, in der ganzen Gesellschaft? Worin besteht eigentlich das Problem?

Das Ganze ist insofern ungerecht, weil dem, was ich schreibe, Bedeutung beigemessen wird, da ich schon lange schreibe[2] und damit bekannt geworden bin. Weil ich in einer Zeit zu schreiben angefangen habe, in der es in den Niederlanden noch überhaupt nichts anderes gab, nichts Feministisches, gegen das ich mich hätte durchsetzen müssen, kein Vorbild, nichts, um mich daran zu messen. Es muß schwieriger sein, in einer Zeit mit dem Schreiben zu beginnen, in der alles viel kritischer betrachtet wird. Aber was hätte ich denn tun sollen, denke ich mürrisch. Was wäre geschehen, hätte ich dieses Buch nicht geschrieben, hätte sie es dann wohl getan? Ich glaube nicht. Und wie kommt es, daß sie nicht sieht, daß meine Fähigkeit das Ergebnis jahrelanger Arbeit ist, ich habe schließlich auch mit Flugblättern angefangen. Und wenn sie an meiner Stelle wirklich ein Buch geschrieben hätte, was wäre dann passiert? Hätte sie dann nicht die Vorwürfe zu hören bekommen, die mir jetzt gemacht werden? Und wie kommt es, daß sie so sehr in Begriffen von Konkurrenz denkt, während ich das Gefühl habe, daß für sehr viel mehr schreibende Frauen Raum vorhanden ist?

Es war ein unangenehmes Erlebnis. Für beide wahrscheinlich. Ich fühlte mich angegriffen, verkannt. Erwog wirklich, ob ich anderen Frauen damit helfen würde, wenn ich meine feministische Schreiberei aufgeben würde. Würde das anderen mehr Raum geben? Ich kann es nicht glauben. Erst später begann ich das, was eigentlich los war, ansatzweise zu verstehen. Zu einem kleinen Teil ist es das Problem einer Kluft zwischen den Generationen in der Bewegung. Weil wir uns nicht genügend mit den Unterschieden an Erfahrung auseinandersetzen und weil wir uns zu wenig darum kümmern, wie wir das, was wir gelernt haben, weitergeben können, ohne ewig „führende“ Frauen zu bleiben. Zu einem kleinen Teil ist es unsere verinnerlichte Unterdrückung, die dazu führt, daß sie so wenig Selbstvertrauen hat, daß sie sich schon von vornherein darauf versteifte, daß sie das, was ich getan habe, sowieso nicht kann und ihr Gefühl der Ohnmacht auf mich projiziert. Und meine verinnerlichte Unterdrückung, die mich dazu bringt, daß ich mich für ihr Gefühl der Ohnmacht schuldig fühle. Sie hätte mich netter gefunden, wenn ich weniger kompetent gewesen wäre, hilfloser. Zwei Schwestern in ihrem Märtyrertum, die den Männern und der Gesellschaft vorwerfen, daß nie auf sie gehört wird, anstatt ihre Kraft so zu gebrauchen, daß es mit diesem Unsinn ein Ende hat. Es ist manchmal bequemer, das Leiden auf alle gleich zu verteilen, als Schritte zu unternehmen, die da herausführen.

Eine Ideologie der Gleichheit

Unsere Schwierigkeiten, mit den Unterschieden innerhalb der Frauenbewegung, mit Führung und Macht umzugehen, haben viele Aspekte, viele verschiedene Ebenen. Ich möchte darauf später an anderer Stelle noch ausführlicher und differenzierter eingehen, als es hier möglich ist. Es existieren so viele Arten von Unterschieden zwischen Frauen. Wir nehmen altes Leiden aus unserer unterschiedlichen Klassenherkunft mit. Wir haben unterschiedliche Ausbildungen, unterschiedliche Entwicklungsmöglichkeiten gehabt, und es gibt in der Anzahl der Jahre an Erfahrung einen Unterschied innerhalb der Bewegung. Wir haben eine Menge schlechter Erfahrungen mit unsauberer Führung, die wir mit uns herumtragen: Machtmißbrauch der Eltern, Ehegatten, Lehrer, falschverstandene Führung von Politikern, Vorgesetzten. Es existieren gesellschaftliche Ungerechtigkeiten, die wir in die Bewegung hineintragen. Zum Beispiel die, daß ein Können wie Schreiben, gesellschaftlich gesehen mehr Anerkennung erfährt als das Organisieren von Aktionen, was aber genauso wichtig für die Bewegung ist. Es existieren politische Meinungsverschiedenheiten, unterschiedliche Auffassungen über die gewünschten Organisationsformen der Frauenbewegung, die wir noch lange nicht geklärt haben. Aber ich glaube, daß wir politische Unterschiede so lange nicht als politische Unterschiede lösen können, wie wir nicht in der Lage sind, die dicke Schicht der Gefühle, die diese überlagert, zu benennen.

Diskussionen innerhalb der Bewegung über „Sachwissen", über Bezahlung und feministische Arbeit, über „Führungs"losigkeit und die Angst vor Korruption, die, sobald eine in einer bestehenden Institution Boden unter die Füße bekommt, entsteht, sind politische Diskussionen, aber sie sind zu einem Teil auch mit Dingen belastet, die nicht nur mit den voneinander abweichenden Anschauungen zu erklären sind.

Mit der Klärung dieser Probleme haben wir noch kaum begonnen, und dieser Artikel kann auch nicht mehr als ein Anstoß sein, weiter darüber nachzudenken. Eine Suche nach Einstiegen, die es uns ermöglichen, zu erkennen, wie die emotionale Schicht beschaffen ist, die unter dem Mißtrauen gegenüber „führenden" Frauen liegt: aus Eigeninteresse, aber auch weil die Schlagkraft und Effektivität der Frauenbewegung dadurch angegriffen sind.

Einer der Ausgangspunkte der jetzigen Generation von Feministinnen ist eine weit in die Praxis umgesetzte Ideologie der Horizontalität, der Gleichheit zwischen Frauen. Dafür haben wir gute Gründe. Wir mißtrauen den hierarchischen Organisationen mit den auf ihren Stühlen festgeklebten „Leitern", mit dem starken

Mann an der Spitze, selbst wenn dieser Mann eine Frau ist. Und oft genug zu Recht. Wir mißtrauen den Organisationen auch, wenn es linke Organisationen sind, schlechte Führung ist kein Privileg der Rechten. Positiv an unserer Ideologie der Gleichheit ist, daß wir davon ausgehen, daß es nicht so etwas wie angeborene Führungsqualitäten gibt, sondern eine Funktion ist, die wir übernehmen und wieder abgeben können. Positiv ist auch, daß wir davon ausgehen, daß *alle* Frauen intelligent sind, daß sie entweder Fähigkeiten besitzen oder diese entwickeln können. Und daß wir die Welt nicht in Unter- und Übermenschen aufteilen. Aber diese Ideologie kann auch anders benutzt werden, nicht um nach einer weitergehenden *Gleichheit* zwischen Frauen zu streben, nicht um von der *Gleichwertigkeit* zwischen Frauen auszugehen, sondern um diese Gleichheit dort, wo es sie noch nicht gibt, zu erzwingen, um Frauen zu bestrafen, wenn sie auf die eine oder andere Art „ausscheren". Hoher Baum fängt viel Wind, auch in der Frauenbewegung.

Frauen haben sich durch die ganze Geschichte hindurch leichter als Männer mit den Verlierern in dieser Gesellschaft, mit den Unterdrückten identifizieren können. Unsere eigene Unterdrückung hat uns dafür empfindsamer gemacht und das ist eine Empfindsamkeit, die wir besser nicht verlieren sollten. Aber unsere Sympathie für die Opfer eines Systems hat auch etwas Manifestierendes, das wir noch kaum untersucht haben. Wir haben die Neigung, uns mit Schwäche zu solidarisieren, nicht mit Stärke. Uns fällt es nicht immer leicht, in dem Augenblick Sympathie für die Unterdrückten aufzubringen, in dem diese sich nicht mehr unterdrücken lassen. Im Falle der Frauenbewegung sind das die Frauen, die ihre Opferrolle aufgeben.

Ich werde erklären, wie ich auf diese Idee komme.

Zuerst möchte ich kurz etwas über die Untersuchungen sagen, die bestätigen, daß Frauen eher „Erfolgs"- als „Versagensangst" haben, eine Form verinnerlichter Unterdrückung, die wir erst loswerden können, wenn wir uns ihrer bewußt werden. Dann möchte ich etwas über die Erkenntnisse sagen, die ich in einem Co-counsellingworkshop gesammelt habe (zu Co-counselling merke ich später etwas an) und fahre dann mit einigen Anmerkungen zu den Überlebensstrategien unterdrückter Gruppen fort. Es ist alles viel zu kurz, und wenn ich mehr Platz hätte, könnte ich die gesellschaftlichen Faktoren stärker einbeziehen, jetzt scheint es vielleicht, als wollte ich alles psychologisch erklären. Genug Entschuldigungen.

Erfolgsangst

In Amerika hat es Untersuchungen gegeben, die sich mit einem seltsamen Phänomen beschäftigten, das sich niemand erklären konnte: Wie kommt es, daß bei den Jungen, die eine Höhere Schule besuchen, eine direkte Relation zwischen ihren Interessen, ihrer Intelligenz und den Ergebnissen, die sie später erzielten, zu erkennen war, und wie kommt es, daß Mädchen zwar von ihrer zukünftigen Laufbahn träumten und manchmal alle Fähigkeiten besaßen, diese Träume im Prinzip zu verwirklichen und dann, anders als die Jungen, aufgaben, unsicher wurden, sich selber nichts mehr zutrauten? Die Untersucher kamen zu dem Ergebnis, daß Mädchen nicht so sehr Angst zu versagen haben, sondern eher Angst, erfolgreich zu sein. Und als sie in ihrer Untersuchung weitergingen, stellte sich heraus, daß Jungen und Mädchen zumindest eines gemeinsam hatten: Eine Vorstellung von ,,erfolgreichen'' Frauen als harte, frustrierte und unattraktive Frauen, ungeliebt und einsam. Kaum etwas Erstrebenswertes, auch wenn du noch so gerne Wissenschaftlerin, Tierärztin oder Journalistin werden möchtest. Nun wissen wir als Feministinnen, daß diese Angst nicht bloß ein *Gefühl* ist, sondern zum Teil auch eine Realität. Starke Frauen werden von Männern selten nett gefunden, das wissen wir aus Erfahrung. Das Schmerzhafte dabei ist nur, daß dies eine Vorstellung ist, die nicht nur unter Männern und auch *nicht nur außerhalb* der Bewegung vorherrscht. Anscheinend haben wir das herrschende Frauenbild so weit verinnerlicht, daß wir selber auch nicht so viel von allzu ambitionierten, selbstsicheren und kompetenten Frauen halten. Denn trotz der Suche nach dem Matriarchat von einst und den alten Göttinnen und trotz der Verehrung früherer Feministinnen, zu den heute lebenden sind wir nicht so lieb.

Während eines Co-counsellingworkshops wurde mir dieser Mechanismus klar. Die Aufgabe bestand darin, daß zwei Frauen miteinander kämpfen sollten, und zwar solange, bis eine von ihnen gewinnt. (Der Grund, aus dem das getan werden sollte, war, unter anderem, daß wir unsere Angst vor körperlicher Konfrontation verlieren, wehrhafter werden, nicht um zu propagieren, daß wir in Zukunft nur noch zuschlagen.) Die Frauen, die dabei waren, wurden in zwei Gruppen aufgeteilt, die eine Hälfte sollte die eine Frau anfeuern, die andere sollte auf seiten der anderen sein. Und wenn eine gewonnen hatte, sollten wir alle der Gewinnerin gratulieren und ihr zujubeln.

Was mit mir dabei passierte, war sehr komisch. „Meine" Frau war im Begriff zu gewinnen, und in diesem Moment verlor ich jegliches Gefühl der Sympathie für sie, automatisch ging all meine Wärme und mein Mitgefühl auf die über, die unterlag. Und als sie gewonnen hatte, war ich kaum in der Lage, ihr zuzujubeln. Mit wirklicher Sympathie hatte das nichts zu tun, ich kannte keine der beiden Frauen. Und es passierte noch etwas: Die Frau, die gewonnen hatte, war darüber sehr unglücklich und schaute fortwährend schuldbewußt zu der, die verloren hatte. Sie war überhaupt nicht imstande, die Tatsache, daß sie diesmal die Stärkste geblieben war, zu genießen. In der anschließenden Runde wurde es noch deutlicher: Da kämpften zwei Frauen miteinander, die ungefähr gleich stark waren, und es dauerte und dauerte. Sie wollten beide aufhören, aber der Auftrag war, es gewinnt nur eine. Diejenige, die aufgibt, hat verloren. Und dann wurden zwei Mechanismen deutlich: Frauen finden es weniger unerträglich zu verlieren. Und Frauen, die gewinnen, fühlen sich so schuldig, daß sie nicht froh darüber werden können. Wir fühlen uns als Opfer anscheinend wohler denn als Gewinner, vor allem, wenn die anderen Frauen diese Opferhaltung mit uns teilen. Das öffnete mir die Augen.

Frauen identifizieren sich so stark mit ihrem Märtyrertum, daß wir uns leichter mit Schwäche als mit Stärke solidarisieren. Und nun erkannte ich auch, daß es wenig damit zu tun hat, ob du „nun einmal" so eine „starke" Frau bist oder nicht. Denn ich sah mich selber das gleiche tun, womit ich bei anderen so viele Schwierigkeiten gehabt hatte: Auch ich brachte es nicht über mich, die starke Frau nett zu finden, auch meine Sympathie flog, wie ein automatischer Reflex, der Verliererin zu.

Aus diesem Vergleich können wir viel lernen, aber in einem wesentlichen Punkt stimmt er nicht mit der Situation in der Frauenbewegung überein. Denn das Experiment auf dem workshop ging von Konkurrenz aus, und *in der Frauenbewegung kann nicht die Rede von Gewinnerinnen oder Verliererinnen sein. Bei jeder Frau, die verliert, verlieren wir alle.*

Überlebensstrategie

Jede unterdrückte Gruppe kennt ihre eigene Strategie, um zu überleben. Frauen auch. Wir können sehen, wie sich unsere Mütter am Leben hielten. Mit anderen Frauen zusammen über die Männer zu meckern, um nach diesem Gemecker seufzend das Leben weiterzuführen. Der Weg des geringsten Widerstandes, den viele von uns als Töchter als Verhaltensmuster vorgespielt bekommen haben: „Kind, nun sei mal die Klügere, Männer sind wie Kinder, denen du ihren Willen geben mußt." In vielen Frauennetzwerken erkennen wir dieselben Mechanismen: Frauen helfen sich in der Not, sympathisieren mit dem gemeinsamen Leiden. Aber können dann sehr böse auf die Frauen reagieren, die nicht nur meckern, sondern die Konsequenzen ziehen und sich aus ihrem Leiden befreien, sich scheiden lassen, eine Ausbildung beginnen, nicht mehr das Bild der guten Hausfrau erfüllen. Dann auf einmal ist ihnen nicht mehr zu trauen, sind sie kein Teil des Frauennetzwerkes mehr. „Sie denkt bestimmt, daß sie zu gut für uns ist." Solche Überlebensstrategien kennen wir auch aus den Gemeinschaften der Schwarzen in Amerika, wo Menschen in ihrer Armut ihren ganzen Besitz miteinander teilen. Ein Netzwerk gegenseitiger Hilfeleistung errichten, durch das die gesamte Gemeinschaft am Leben bleibt, aber aus dem es kein Entkommen gibt, wenn du versuchst, auszubrechen. Der Widerstand gegen den gemeinsamen Feind bringt eine Kultur hervor, die Konformismus verlangt. Wer aber abweicht, läuft Gefahr, ausgestoßen zu werden. Ein Großteil dieser Mechanismen wird mit in die Befreiungsbewegungen hineingetragen. Mechanismen, die das Zusammengehörigkeitsgefühl stärken, aber durch das gegenseitige Mißtrauen die Schlagkraft schwächen. Das passiert auch innerhalb der Frauenbewegung. Die Strategie des Ghettos hat positive Seiten. Wir sollten den Gedanken der Einigkeit nach innen und außen nicht gegen das andere Extrem „wer zuerst kommt, malt zuerst", und nicht gegen das Recht des Stärkeren austauschen. Aber es hat auch negative Seiten, in dem Sinne, daß wir in der Frauenbewegung eine Strategie benutzen, die nicht mehr effektiv ist. Die es für uns Frauen zwar angenehm macht, solange wir uns innerhalb der Grenzen unseres Ghettos bewegen, die es uns aber nicht gestattet, das Ghetto selber abzubrechen. Die Befreiung der Frauen geht schrittweise voran, in Schlangenlinien und mit viel Kleinarbeit in größeren und kleineren Institutionen (Parlament, Gewerkschaft, Schule, Familie usw.). Mit Erfolgen und Rückschlägen. (Ich bin keine Anhängerin der Idee, daß die Revolution mit einem Mal da ist, wenn wir morgen nur alle streiken.) In dem langwierigen Prozeß können wir die Tatsache, daß wir die Unterschiede zwischen Frauen, die Chancenungleichheit, die Unterschiede im Klassenhintergrund, in Ausbildung und an Erfahrung, nicht in einem Schlag aufheben können, nicht übersehen. Wir müssen für den Übergang lernen, mit der Ungleichheit umzugehen. Ich glaube nicht, daß es uns aus dem Ghetto herausbringt, wenn wir versuchen, alles gleichzuschalten, und darauf warten, bis alle Frauen auf einer Stufe stehen oder versuchen, Frauen abzubremsen. Ich glaube, daß wir weiter kommen, wenn wir uns die Unterschiede untereinander genau ansehen und diese dann so gut wie möglich *nutzen*.

Wir kommen weiter, wenn wir einander in den Bereichen, in denen wir stark sind, ermuntern, anstatt uns zu behindern.

Was ist zu tun?

Wir müssen viel nachdenken, viel miteinander reden, um herauszufinden, was alles los ist und was wir daran ändern können. Dieses sind ein paar Überlegungen in eine Richtung, in die wir auch weiterdenken können.

1. *Ich glaube nicht, daß es so etwas wie „führungslose" Gruppen gibt.* Alles, was wir füreinander geschaffen haben, innerhalb wie außerhalb der Frauenbewegung, ist einmal die Idee von jemandem gewesen. Eine hat die Initiative ergriffen, ihre Erfahrungen eingebracht, sich für etwas eingesetzt. Ein Großteil dieser Arbeit bleibt unsichtbar, so wie viel Hausarbeit erst sichtbar wird, wenn sie nicht gemacht wird. In der Frauenbewegung bleibt ein Teil der Arbeit unsichtbar, unter anderem deshalb, weil es etwas verpönt ist, über deine eigenen Fähigkeiten zu sprechen, zu ihnen zu stehen, zu sagen, ich kann gut schreiben, soll ich das machen? Oder miteinander zu beschließen: Wer ist für das Interview im Fernsehen im Augenblick am besten vorbereitet? Frauen, die zuviel tun müssen, ohne daß ihre Arbeit sichtbar und infolgedessen nicht öffentlich anerkannt wird, bauen ab. Genauso wie Mütter. Und wenn es nicht möglich ist, über Funktionen offen zu sprechen, ist Kritik, sind Vorschläge, wie es besser gehen könnte, auch nicht möglich. Einer der Gründe, warum ich es so schön finde, Dozentin zu sein, ist, daß die Abmachungen so deutlich sind. Ich bin dafür da, meine Fähigkeiten weiterzugeben, wenn ich es nicht gut genug mache, kann darauf sofort reagiert werden. Ich brauche mich für meine Fachkenntnisse nicht zu entschuldigen. Sie wer-

den mir nicht übelgenommen. Ich glaube, daß es auch in der Frauenbewegung, in der es nicht um eine offizielle Aufgabenverteilung geht, möglich sein muß, Unterschiede und Fähigkeiten zu benennen, ohne daß sich eine, die noch etwas lernen muß, minderwertig zu fühlen beginnt, ohne daß eine, die schon eine bestimmte Fähigkeit entwickelt hat, deswegen Schuldgefühle bekommt.

2. *Ich glaube, daß alles, was mit Führung zu tun hat, viele Emotionen hervorruft.* Wir haben eine Menge schlechter Erfahrungen gemacht, die wir verarbeiten müssen, wir müssen von unserer verinnerlichten Unterdrückung wegkommen. In diesem Artikel ist kein Platz, um weiter darauf einzugehen, um aufzuzeigen, welche Wege es dafür gäbe. Ich selber habe gute Erfahrungen mit Co-counselling (bzw. Re-evaluation counselling) gemacht. Eine Methode, die auf Gegenseitigkeit beruht und zum Ziel hat, daß du deine Klarheit wiedererlangst, indem du alte und schmerzhafte Erfahrungen verarbeitest. Ich glaube, daß es nötig ist, daß wir die Gefühle im Zusammenhang mit Führung ernstnehmen, aber daß diese Gefühle an sich noch keine effektive Strategie hervorzubringen brauchen, wenn wir darin steckenbleiben.

3. *Ich glaube, daß wir alte Gefühle unserer Machtlosigkeit und Minderwertigkeit verlieren werden, wenn wir merken, daß wir mehr Macht haben, als wir dachten.* Ich behaupte damit nicht, daß unsere Unterdrückung nur eine Folge unserer eigenen Verhaltensmuster ist. Ich versuche nicht, die unterdrückenden Strukturen dieser Gesellschaft zu bagatellisieren. Aber ich glaube schon, daß es zu unseren Frauenverhaltensmustern gehört, viele unserer Gefühle der Machtlosigkeit auf die Gesellschaft, die Männer oder sogar auf andere Frauen zu projizieren. Ich glaube auch, daß wir in dem Maße, in dem wir, Stück für Stück, mehr Selbstvertrauen bekommen, sehen werden, daß keine Konkurrenz zwischen Frauen erforderlich ist. Wir brauchen alle unsere Fähigkeiten, es gibt noch so viel zu tun.

4. *Je mehr wir uns darüber klar werden, wie wir mit Führung umgehen wollen, desto besser wird es auch möglich sein, eine Balance zwischen individueller und kollektiver Entwicklung zu finden.* Ein Gleichgewicht zwischen der Notwendigkeit für die Frauenbewegung, daß Sachen so gut wie möglich gemacht werden, und der ebenso wichtigen Notwendigkeit, daß Frauen durch Erfahrung lernen, dadurch, daß sie Fehler machen. Wenn wir offener mit Unterschieden umgehen können, wird es auch besser möglich sein, Fähigkeiten weiterzugeben, um voneinander zu lernen.

Wir können an das „Generationsproblem" folgendermaßen herangehen: Wie sorgen wir dafür, daß die Feministinnen, die jetzt nachströmen, nicht wieder von neuem das Rad erfinden müssen, sondern sich die Erfahrung älterer zunutze machen können, ohne daß es so aussieht, als wüßten die Alten alles besser? Wie sorgen wir für eine Ausgewogenheit, für ein Gleichgewicht zwischen dem Nutzbarmachen vorhandener Fähigkeiten, dem Raumlassen für neue Ideen und Ansätze? Alles hängt davon ab, daß wir, wenn wir Fähigkeiten anbieten oder noch zu lernen haben, nicht wieder in die alten Muster der Schuld und Ohnmacht fallen.

Ich glaube nicht, daß sich, wenn wir unsere alten Mechanismen verlieren, alles weitere von alleine löst. Aber wir dürften schon einen Schritt weiter sein, wenn Frauen nicht mehr Angst haben müßten, die Hilfe und Wärme anderer Frauen zu verlieren, wenn sie mehr Verantwortlichkeit auf sich nehmen und sich nicht mehr kleiner machen, als sie sind. Wenn wir lernen, einander zu ermuntern anstatt uns gegenseitig zu bremsen. Es würde helfen, wenn Frauen sich weniger von anderen starken Frauen einschüchtern lassen würden. Wenn die starken Frauen mehr darüber nachdenken würden, wie sie ihre Fähigkeiten weitergeben können. Wir können voneinander lernen, das haben wir in der Frauenbewegung fast vergessen. Wir können, wenn verschiedene Entwicklungen stattgefunden haben, unsere Ungleichheit auch *benutzen*.

Dieses sind lediglich ein paar einzelne Gedanken, ein paar Schritte in die Richtung: Solidarisieren mit Stärke. Nicht die Führungen eine Kopf kürzer machen, sondern dafür sorgen, daß alle Frauen größer werden. Daß sie nicht mehr zu übersehen sind.

ANMERKUNGEN

1 Ich verwende den Begriff „Führung", nicht die weibliche Form, weil ich davon ausgehe, daß Führen eine Funktion ist, die nicht vom Geschlecht abhängig ist, und weil es für mich keinen Unterschied darin gibt, wie Männer und Frauen damit umgehen sollten. Aber ich bin auch Argumenten zugänglich, stärker die weiblichen Formen zu benutzen. Ich habe es noch nicht zu Ende gedacht.

2 Im ersten Entwurf meines Artikels stand „weil ich nun einmal einen Namen habe, entschuldigend, so als ob es etwas, daß außer-

halb meiner „Schuld" liegt, sei und nicht das Resultat meiner Arbeit, die ich in den vergangenen zehn Jahren geleistet habe. Ich
brauchte eine Freundin, die mich darauf hinwies, daß auch das
ein schönes Beispiel meiner verinnerlichten Unterdrückung sei,
daß ich mich noch immer entschuldige, anstatt stolz zu sein. Aber
ich meine natürlich schon, daß es einen Unterschied gibt zwischen
der miesen Art und Weise, wie die Medien Frauen zu feministischen „Anführerinnen" küren und ihnen aus falschen Motiven einen Status verleihen und dem, wie wir es gerne hätten: Stolz auf
das zu sein, was wir erreicht haben, ohne dadurch als „besser"
oder „wichtiger" als andere Frauen angesehen zu werden.

ÜBER

GELD

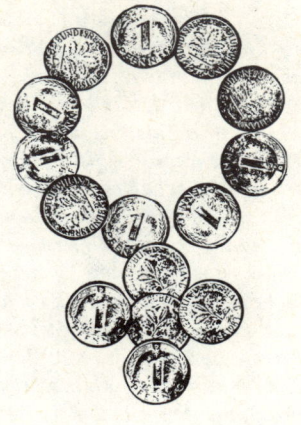

Nach den ersten Jahren der Gesprächsgruppen, mit unseren Frauenkongressen und der Amsterdamer Frauenzeitung mit ständig steigender Auflage, entstanden die ersten großen Meinungsverschiedenheiten innerhalb der niederländischen Frauenbewegung, die in deutlich zu unterscheidende ,,Strömungen`` münden sollten. Eine davon war die spezielle Art Radikalfeminismus der Gruppe ,,De Bonte was``, die in völligem Gegensatz stand zu den Grundlagen des gerade entstehenden sozialistischen Feminismus (fem-soc nannten wir es damals). Nachdem ich ein paar Jahre lang an den ersten Frauenzeitungen und Büchern der ,,De Bonte was`` mitgearbeitet und neben meiner Teilnahme an den fem-soc-Gruppen im Frauenhaus mitgewirkt hatte, wurde für mich immer deutlicher, daß diese Form von Radikalfeminismus nicht die meine war. Während sozialistische Feministinnen häufig befürworteten, innerhalb politischer Parteien, Gewerkschaften, Medien, Ausbildungsinstitutionen und anderen wichtigen öffentlichen Einrichtungen zu arbeiten, wiesen die Radikalfeministinnen jede Strategie, nach der innerhalb von ,,Männerinstitutionen`` gearbeitet werden sollte, kategorisch ab. Die Folge einer Forderung nach Unterstützung könnte nur ,,Vereinnahmung`` sein. Fachwissen, Macht und Geld waren ekelhafte Wörter, und alle Frauen, denen es gelang, hiervon außerhalb der Frauenbewegung kleine Stücke zu erobern, waren per se zum Feind übergelaufen. Um zu verhindern, daß es einzelnen Frauen zu gut ginge und sie sich damit Macht über andere Frauen aneignen könnten, sollten wir alle nur anonym und kollektiv arbeiten. Also nicht den eigenen Namen unter Artikel setzen, keine Weiterbildungsveranstaltungen betreiben und vor allem nicht versuchen, Feminismus mit der eigenen Arbeit zu verbinden. ,,Professionalisierter, bezahlter Feminismus ist im wesentlichen Feminismus mit Männern`` stand in ,,De Feminist`` Nr. 1, alle Männer galten grundsätzlich als Feind, und Radikalfeministin konntest du daher nur in der Freizeit sein.

Ich wurde sehr böse darüber, in dieser Zeit. Nicht nur strategisch fand ich es unsinnig, sich prinzipiell abzukapseln, und politisch dumm, nicht an den politischen Kräften, die unser Leben bestimmen, teilhaben zu wollen, ich ärgerte mich auch über den Stil persönlicher Angriffe und Verdächtigungen, die zu dieser Denkweise zu gehören schienen und häufig auch gegen mich gerichtet waren.

Als die ,,Gelddiskussion`` (darfst du mit feministischer Arbeit Geld verdienen, oder bist du dann korrupt) etwa 1976 und 1977 *ihrem Höhepunkt entgegenging, bat „De Bonte was" mich, als Angehörige der „falschen" Seite, für ihre neue Zeitschrift „De Feminist" einen Artikel über meinen Standpunkt zu schreiben. Als ich den Aufsatz fertig hatte, stellte sich heraus, daß die Redaktion gerade beschlossen hatte, die Zeitschrift zuerst mit eigenen Artikeln zu füllen; vielleicht dürfte ich in der zweiten Nummer darauf reagieren. Ich verzichtete.*

Der „Geld-Aufsatz" kursierte eine Zeitlang als Broschüre in der Frauenbewegung. Und auf „De Feminist" reagierte ich in der Zeitschrift „Lover" Herbst 1977, Nr. 3, in Form eines Artikels unter dem Titel „Radikalfeminismus als Freizeitbeschäftigung". Mit der Schlußfolgerung: „Wer bin ich denn, daß ich einen Finger mahnend gegen die Reinen erhebe. Ich bin schließlich unverbesserlich schlecht; ich habe ein Buch geschrieben unter meinem eigenen Namen (Ruhm ist ein Männerziel), von dem wahrhaftig auch ein paar Männer etwas gehabt zu haben scheinen (männliche Anerkennung). Ich arbeite mit Frauengruppen innerhalb meiner Institution (Vereinnahmung), ich bekomme Geld dafür (unfeministisch und unsolidarisch), und ich habe obendrein Spaß daran (egoistisch). Ich habe Radikale Therapie mitgemacht (Vorteil für Männer, denn nun bin ich ein besseres Sexualobjekt). Ich habe einen Studienabschluß in Sozialpädagogik (konditioniert durch unterdrückerische Verhaltenswissenschaften). Ich habe meinen Sohn noch nicht aus dem Haus geekelt; und obwohl ich lesbisch bin, habe ich tatsächlich noch ein paar männliche Freunde und investiere, wenn auch nicht meine Liebe, so doch einen Teil meiner Zuneigung in ‚die Männergesellschaft'. Ich wurde daher vom Zentralkomitee ausgemustert, und zu Recht. Für die, die mir begegnen: ich sehe nur so aus wie eine Feministin."

Im folgenden Artikel sind einige Absätze aus meinem Lover-Aufsatz verarbeitet.

Vielleicht ist innerhalb der Frauenbewegung kein größeres Tabu zu finden als Geld. Ein größeres Tabu als Sex jedenfalls. Emotionen lodern auf, Diskussionen sind hitzig, Frauen liegen grübelnd wach. Für mich persönlich lag der Schwerpunkt der Diskussion ein paar Jahre zurück, als ich neben meiner unbezahlten Arbeit in der Frauenbewegung begann, gegen Bezahlung zu arbeiten. Und auch ich lag wach und begann Streit und drehte grübelnd in meinem Zimmer Runden und änderte von einem auf den anderen

Tag wieder meine Meinung hinsichtlich der Frage, ob es erlaubt ist, daß Frauen für feministische Arbeit Geld bekommen, ob sie „von der Frauenbewegung profitieren durften". Aber selbst wenn ich alles in Rechnung gestellt und einige Ausgangspunkte, weil ich sie richtig fand, übernommen und andere wieder als eine andere Meinung abgelegt habe, kriege ich, sobald die Diskussion erneut auflodert und ich Freundinnen wachliegen sehe, wieder einmal die alten Bauchschmerzen. Es ist obendrein ein Problem, für das es keine einfachen Lösungen gibt, mit dem wir uns immer wieder aufs neue beschäftigen müssen.

Damals betrachtete ich es vor allem als eine Frage meiner persönlichen Integrität. Nun, da die Frauenbewegung immer größer wird, wird deutlich, daß es außer einem persönlichen auch ein politisches Problem ist, mit dem die gesamte Bewegung in mehr oder weniger großem Maße zu tun hat.

Die Frauenbewegung befindet sich in einer problematischen Phase. Eines der Probleme, die sich stellen, wenn eine Bewegung größer wird, ist das der Bezahlung. Vor ein paaren Jahren hatte ich mit diesem Punkt noch keine Schwierigkeiten. Feministinnen schufteten sich in ihrer „Freizeit" zu Tode. Ihren Lebensunterhalt bestritten sie über den Beruf oder die Sozialhilfe oder ihre Tätigkeit als Hausfrau. Geld war kein Problem, denn es war keines da. Langsam wurde es möglich, einige Arbeitsleistungen zumindest geringfügig zu bezahlen. Durch die Einnahmen in einem Frauencafé beispielsweise oder das Schreiben von Artikeln für Zeitschriften. Daneben gelang es immer mehr Frauen, ihren Feminismus in ihre Arbeit zu integrieren, beispielsweise durch Frauenkurse an den Volkshochschulen oder Frauenprogramme in Radio und Fernsehen.

In der Übergangsphase, in der manche Aktivitäten bezahlt werden und andere nicht, ohne daß dies etwas mit ihrem WERT für die Frauenbewegung zu tun hat, entstehen natürlich prinzipielle Probleme. Heben wir die Ungleichheit unter Frauen gerade dadurch auf, daß wir einige von ihnen bezahlen, zum Beispiel jene, die dadurch einen Scheißjob aufgeben und mehr feministische Arbeit tun können, oder vergrößern wir gerade dadurch die Ungleichheit innerhalb der Frauenbewegung? Die Frauen von „De Bonte was" haben hierfür eine einfache Lösung: Feminismus machen wir in der Freizeit und daher unbezahlt. Geld verdienen wir durch Berufsarbeit, die daher nicht feministisch ist. Frauen, die am Feminismus verdienen, sind daher schlecht. „Es ist sogar schlecht, dich dafür bezahlen zu lassen, denn dann machst du den Feminismus zu deinem Broterwerb, wodurch dir andere Frauen nicht mehr zu glauben brauchen und Feminismus an sich unglaubwürdig wird." (S. 5, De Feminist Nr. 1.)

Und was hat dann mit dem Feminismus bei der eigenen Arbeit zu geschehen? „Das bedeutet auch, daß du am besten irgendwo bezahlte Arbeit tun kannst, in der du versuchst, etwas von deinen feministischen Ideen zu verwirklichen (...) du bist dir dann auch sehr wohl darüber bewußt, daß deine Ideen auf Widerstand stoßen können. Du bestimmst selbst, wie weit du gehen kannst. Wenn deine Umgebung beginnt, dich schief anzuschauen, gehst du zur Tagesordnung über: tippen, Rechenunterricht geben, Bildungsarbeit tun, Essen verkaufen." (S. 49.) Und es steht wirklich dort: „Radikalfeministin bist du in deiner Freizeit." (S. 41.)

Schizophrenie zum feministischen Prinzip erheben: in der Freizeit versuchen, das System zu stürzen, das du in deiner Arbeit mit aufbauen hilfst; deine rechte Hand nicht wissen lassen, was die linke tut. Und dies nicht nur als Lösung für die Frauen, für die es nicht möglich ist, ihren Beruf mit ihrem Feminismus zu verbinden, sondern für jede, als feministisches Dogma: wer es anders macht, ist keine Feministin.

Ich fände es gar nicht so schwierig, mit etwa denselben Begriffen eine genau entgegengesetzte Theorie zu entwerfen. Beispielsweise: „Die Trennung zwischen Freizeit und Arbeit ist eine patriarchalisch-kapitalistische Erscheinung. Die Macht steckt in den gesellschaftlichen Institutionen. Wollen wir diese als Feministinnen verändern, müssen wir von innen heraus arbeiten. Frauen, die ihren Feminismus nur in ihrer Freizeit verwirklichen wollen, sind egoistisch und bequem; sie sind nicht bereit, ihr existentielles Interesse gegenüber der Aufrechterhaltung des Systems in die Waagschale zu werfen.

Ergo: Frauen, die Feminismus als Freizeitbeschäftigung betreiben, weil sie dann nicht das Risiko eingehen, ihr Gehalt zu verlieren, sind keine Feministinnen."

Zum Glück haben wir eine solche Theorie nicht nötig, und es liegt auch nicht in meinem Interesse, die Reinheit der Lehre höher zu bewerten als die gemeinsame Suche nach Lösungen der Probleme, mit denen wir zu kämpfen haben. Nicht *eine* Lösung, sondern viele Lösungen, abhängig davon, was auf dem Spiel steht.

Unzweifelhaft ist es notwendig, daß ein großer Teil der Arbeit in der Frauenbewegung unbezahlt verrichtet wird; Frauenhäuser würden sonst verschwinden, Zeitschriften sonst nicht existieren, etc. Aber ebenso ist es ohne Zweifel manchmal möglich, Frauen aus ihren Jobs freizustellen, so daß sie mehr Energie in feministische Arbeit stecken können. In meiner Umgebung kenne ich keine, die davon korrupt und reich zu werden droht. Und sollte es Frauen geben, die trotzdem davon „profitieren", dann besteht gerade darin das Problem, gegen das etwas unternommen werden muß, und es geht nicht an, alle Frauen, die versuchen, Arbeit und Feminismus einander näherzubringen, prinzipiell zu verurteilen.

Wie gehe ich selbst damit um?

Innerhalb meines ursprünglichen Fachs, Bildungsarbeit, erhielt ich immer mehr Möglichkeiten, feministisch oder jedenfalls mit Frauen zu arbeiten. Anfangs mußte ich auch gemischte Kurse leiten, um meinen Lebensunterhalt zu finanzieren. Inzwischen ist meine Arbeit fast ganz auf Frauenangelegenheiten ausgerichtet.

Nach meinen ersten vorsichtigen Aufsätzen in „De Vrouwenkrant" (Die Frauenzeitung), habe ich mit Schreiben weitergemacht und neben unbezahlten Artikeln auch welche für Zeitungen und Verlage geschrieben, die bezahlen konnten. Und ich arbeitete weiterhin in der Frauenbewegung in meiner „Freizeit" (der Begriff Freizeit wird immer lächerlicher, je geringer die Trennung zwischen meiner bezahlten und unbezahlten Arbeit wird); ich fand diese Arbeit notwendig und schön: Kurse im Frauenhaus, Arbeit in der fem-soc-Bewegung, Schreiben mit den „Rooie Vrouwen" (Sozialdemokratische Frauen) und dann Mithilfe beim Aufbau eines feministischen Verlags (Sara) als eine der Frauen des Kollektivs (von denen anfangs keine, später einige Frauen bezahlt wurden). Ich fühle mich insofern im Vorteil, als es mir nach Jahren gelungen ist, einige Prinzipien miteinander zu vereinbaren. Ich wünschte, alle Frauen hätten diese Möglichkeit gehabt. Ich bin wirtschaftlich selbständig, und ich brauche, um mein Geld zu verdienen, keine Arbeit zu machen, die mir widerstrebt oder deren Sinn ich nicht einsehe oder mit der ich dieses System unterstütze. Ich kann den größten Teil meiner Zeit in Arbeiten investieren, die für Frauen wichtig sind; und weil ich für einige dieser Dinge Geld bekomme, kann ich es mir erlauben, viele Arbeiten unbezahlt zu übernehmen.

Ich schreibe dies nicht, um als leuchtendes Beispiel voranzugehen. Da es mich selbst Mühe genug gekostet hat, das alles in etwa fertigzubringen, erkenne ich nur allzu gut, in welchem Ausmaß ich dadurch privilegiert war, daß ich eine gute Ausbildung hatte und so einige Dinge tun konnte, die in Geld umzusetzen waren. Und die Entscheidungen, die ich getroffen habe, gingen auch nicht schmerzlos vonstatten. Wegen der Arbeit, die ich immer schon gegen Bezahlung machte, habe ich niemals Vorwürfe bekommen. Ich bekam es jedoch gehörig zu spüren, als ich neben meiner unbezahlten Schriftstellerei für Zeitschriften zu schreiben begann, die dafür bezahlten, und einige Feministinnen zu mir sagten, daß ich die Ideen der Frauenbewegung verkaufe. Dies rief damals einige Wut in mir hervor, ich dachte: „Verdammt, ich soll in der Frauenbewegung zwar selbständiger und stärker *werden*, aber ich darf es nicht *sein*; ich darf zwar lernen, Schriftstellerin zu *werden*, solange es nur nicht tatsächlich gelingt." Seitdem sind mir viele der Probleme, die mit bezahlter und unbezahlter Arbeit zusammenhängen, bewußter geworden.

Zwar ist es prinzipiell für Frauen notwendig, wirtschaftlich selbständig zu sein, und prinzipiell gut, so viel Energie wie möglich in die Frauenbewegung zu stecken. Doch es wird auch deutlich, daß wir es mit gesellschaftlichen Normen zu tun bekommen, die beinhalten, daß einige Arbeiten mehr Ruhm und Geld einbringen als andere. Schreiben bringt Ruhm und meistens ein kleines bißchen Geld. Bildungsarbeit bringt weniger Ruhm aber ein gutes Einkommen. Kopieren, Tippen, den Fußboden im Frauenhaus putzen bringt wenig Ruhm und kein Geld.

Ich finde nichts speziell feministisches daran, feministische Arbeit nicht zu bezahlen. Auch das Gegenteil finde ich nicht richtig: nämlich daß für alles soviel Geld wie möglich bezahlt werden soll. Das hängt immer davon ab, was wir wollen, worin die Möglichkeiten der Frauen bestehen, mit denen wir arbeiten, woher das Geld kommt, welches Ziel wir verfolgen, wie wir dies zu erreichen glauben. Ungleichheit zwischen Frauen besteht, Ungleichheit ausgedrückt in Geld, in Ruhm, in Fachwissen. Die Ungleichheit verschwindet nicht dadurch, daß wir eine feministische Reinkultur mit anderen Regeln schaffen und so tun, als spiele somit die gesellschaftliche Ungleichheit draußen keine Rolle mehr. Wir können danach streben, die Ungleichheit aufzuheben, wir können daran arbeiten.

Für einige Frauen besteht die Lösung in einer Trennung zwischen dem, was sie Feminismus nennen, und dem, was sie ihre Arbeit nennen. Ich halte das für keine Lösung:

— so zu tun, als wären alle gleich innerhalb der Frauenbewegung, wenn niemand Geld bekommt, halte ich für Vogel-Strauß-Politik, solange wir unsere Stellung in „der bösen Gesellschaft" außen vor lassen. Eine Frau, die vom Einkommen ihres Mannes abhängig ist oder von einem Stipendium leben muß, hat eine andere Stellung in einer feministischen Gruppe als eine Frau, die von einer Teilzeitstelle an der Universität luxuriös leben kann, und wiederum eine andere Stellung als, sagen wir, eine Sozialhilfeempfängerin.

— ich finde es jammerschade, wenn Frauen ihren Beruf nicht dazu gebrauchen können, feministisch zu arbeiten, wenn sie innerhalb von Hilfsdiensten, Journalismus, Unterricht, was es auch immer sei, nichts tun dürfen, was an Feminismus erinnert, weil sie sonst den Verdacht auf sich laden, daran zu verdienen.

Der Kapitalismus verschwindet nicht dadurch, daß wir ihn leugnen. Er verschwindet nicht dadurch, daß wir innerhalb der Frauenbewegung so tun, als existiere er nicht, oder leugnen, daß, solange wir noch in einer Geldwirtschaft leben, unser aller Überleben von der einen oder anderen Form von Bezahlung abhängt.

Damit ist nicht gesagt, daß die Frage der Bezahlung kein Problem darstellt, sondern nur, daß es innerhalb eines patriarchalisch-kapitalistischen Systems keine sauberen individuellen, feministisch-sozialistischen Lösungen gibt.

Aber daß es keine sauberen Lösungen gibt, darf uns nicht davon abhalten, an diesen Lösungen zu arbeiten. Dabei sind einige Punkte wichtig.

1. Ich finde es notwendig, daß wir weiterhin über Ungleichheit innerhalb der Bewegung sprechen. Es ist nicht möglich, nach einer Gesellschaft mit mehr Gleichheit zu streben, wenn wir dafür Methoden benutzen, die Ungleichheit nur verstärken. Es ist beispielsweise notwendig, daß wir selbst immer mehr erkennen, wie sehr wir noch an den alten Normen hängen, daß wir selbst es noch immer höher bewerten, einen Vortrag zu halten, als die Bar im Frauenhaus zu putzen.

2. Ich finde es wichtig, daß wir weiterhin über die Kompromisse sprechen, die wir machen müssen, um bezahlt zu werden (und die Kompromisse, die wir machen müssen, wenn wir nicht bezahlt werden). Stimmen die Mittel noch mit dem Ziel überein? Für einige Frauen bedeutet dies, jede Form von Zuschüssen abzulehnen. Für andere, zwar Zuschüsse zu fordern, aber nur unter be-

stimmten Bedingungen. Für manche Frauen ist es schon ein zu großer Kompromiß, innerhalb einer Institution zu arbeiten. Sie verdienen ihr Geld lieber mit Schreibarbeit (womit sie übrigens das System auch unterstützen) oder mit Sozialhilfe.

3.   Wir sollten weiterhin an der Aufhebung der bestehenden Arbeitsteilung arbeiten, daß nicht immer dieselben Frauen nach außen hin auftreten und die anderen die Arbeit im Hintergrund tun. Funktionen wechseln, nicht immer dieselbe Vorsitzende, wenn schon eine nötig ist. Die Arbeiten der anderen lernen.

4.   Wir müssen auf der Hut bleiben vor der zunehmenden Kommerzialisierung des Feminismus. Verwässerter Damenfeminismus, Pseudofeminismus, wodurch jedes von Frauen geschriebene Buch besser verkauft werden kann, selbst wenn es im direkten Gegensatz zu allem steht, wofür sich die Frauenbewegung einsetzt. Aber zu große Berührungsängste führen dazu, daß wir keinen Gebrauch von den Kanälen machen, die diese Gesellschaft bietet, um Menschen zu erreichen, und daß wir lieber sauber bleiben als effektiv.

5.   Wir werden uns von dieser seltsamen Mystifikation des Geldes lösen müssen, als handle es sich um etwas Ansteckendes, bei dessen Berührung wir bereits korrupt werden. Geld in sehr großen Mengen kann in Macht umgesetzt werden, weil man damit andere Menschen für sich arbeiten lassen kann. Geld in kleinen Mengen (und damit beschäftigen wir uns) verschafft uns Macht über die eigenen Lebensbedingungen und nicht automatisch über die anderer. Ziel ist doch, dafür zu sorgen, daß so viele Frauen wie möglich Macht über die eigenen Lebensbedingungen gewinnen, und nicht, es einander mit seltsamen Prinzipien unmöglich zu machen, ein Stück Existenzsicherung zu erwerben.

6.   Frauen verrichten zur Zeit viel zuviel unbezahlte Arbeit. Für jegliche Hausarbeit bekommen sie nichts, eine gigantische Menge ehrenamtlicher Arbeit wird gerade von Frauen gemacht; die „Rooie Vrouwen" wagten kaum, für ein einziges Gehalt zu kämpfen. Es ist ganz typisch für unsere alte Anschauung, daß die Arbeit für ein gutes Ziel und Geldverdienen im Widerspruch zueinander stehen. Frauen sollen für gute Ziele arbeiten, weil sie ein gutes Herz haben, wurde uns immer eingeschärft. Plötzlich aber verkehrt sich unser Ziel, uns eine minimale Existenzsicherung zu schaffen, so daß wir soviel Zeit und Energie wie möglich in das gute Ziel investieren können, in die Angst, aus dem Elend anderer Frauen könne Gewinn geschlagen werden. Und nun beäugen wir

einander argwöhnisch. Frauen sollen genausoviel verdienen wie Männer, sagen wir in der *Theorie,* aber wenn einzelnen Frauen dies ab und zu in der *Praxis* gelingt, sind sie sofort verdächtig. Gleichen Lohn darf es sicher erst nach der Revolution geben, wenn alle Frauen auf einen Schlag ein hübsches Gehalt bekommen können.

7. Schließlich gelangt diese ganze Diskussion an die Frage der Strategie. Wie sieht das Verhältnis von Reformismus und Revolution aus, zwischen den Teilschritten und dem letztlichen Ziel? Es ist klar, daß darüber verschiedene Vorstellungen existieren. Manche Feministinnen wollen das System verändern, indem sie aussteigen; andere Feministinnen peilen Veränderung an, indem sie innerhalb des Systems arbeiten. Die Gelddiskussion kann nicht losgelöst hiervon betrachtet werden. Wahrscheinlich werden die Frauen, die für den Rückzug aus der Gesellschaft plädieren, häufiger Theorien über die „Reinheit" innerhalb der Bewegung und „Bezahlung bringt Korruption" vertreten als Frauen, die Geld eher als ein notwendiges Übel im Übergang zu einer anderen Gesellschaftsform betrachten werden.

Kurz, Bezahlung ist kein einfaches Problem, und es gibt keine einfachen Lösungen. Ich stimme nicht mit der Auffassung überein, daß dadurch, daß Frauen für feministische Arbeit bezahlt werden, diese *folglich* kommerziell wird. Das ist für mich ein ebensolcher Trugschluß, wie zu sagen, die Legalisierung der Abtreibung führe zwangsläufig zur Tötung von Alten. Für mich wird etwas kommerziell, sobald das Ziel dem Gewinn, der dabei zu erzielen ist, untergeordnet wird. Aber es geht hier — wie gesagt — nicht um Gewinn, sondern um die einfachsten Mittel der Existenzsicherung.

Welche konkrete Bedeutung hat das Vorangegangene nun?

Beispiele:
Wenn ich ans Frauenhaus denke, worin so viel unbezahlte Energie von Frauen steckt, finde ich es nicht ungewöhnlich, wenn die Mehrheit der Frauen der Auffassung ist, daß niemand bezahlt werden kann. Infolgedessen werden wahrscheinlich künftig einige Frauen weniger Energie in das Frauenhaus stecken können, als sie gern täten. Das ist eine schwere Entscheidung, weil es wichtig ist, daß das Frauenhaus, so wie es ist, bestehenbleibt, und

es seine Funktion verliert, wenn daraus ein Laden mit Eintrittspreisen und teuren Getränken würde.

Aber wenn ich an das Stadtteil-Frauenprojekt „in de Pijp" (Arbeiterviertel in Amsterdam) denke, welches aus einer großen Gruppe ehrenamtlich arbeitender Frauen besteht, von denen keine Bedenken hat, öffentliche Unterstützung zu fordern, um einer von ihnen zu einer halben Stelle zu verhelfen, dann sehe ich keinen Grund, dies nicht zu tun.

Wenn eine Frauenzeitung sich so gut verkauft, daß die Auflage ständig steigt und die Verwaltungsarbeit damit auch, scheint mir nichts dagegen zu sprechen, daß ein Teil der Erträge dafür gebraucht wird, zumindest einige Frauen teilweise von der unangenehmsten Arbeit freizustellen, so daß sie sich nicht neben ihrer feministischen Arbeit ewig in miesen Jobs verschleißen müssen, um für ihren Lebensunterhalt zu sorgen.

Und ein letztes Beispiel, der neue Verlag Sara, bestehend aus einem Kollektiv von dreizehn Frauen. Wenn wir so arbeiten können, daß jene aus dem Kollektiv, die schon eine gute Stelle haben, die Arbeit umsonst machen, und es gleichzeitig gelingt, einigen von uns, die jetzt arbeitslos sind oder eine miese Stelle haben, ein normales Gehalt zu zahlen, so daß sie ganz für Sara arbeiten können, dann wüßte ich nicht, was dagegen spräche. Untereinander erhöht dies die Gleichheit eher, als daß es sie vermindert: wir setzen uns alle soweit wie möglich für den Verlag ein, und wir haben alle eine gute wirtschaftliche Existenz. Niemand wird davon reich, das ist klar. Es bedeutet, daß wir als Kollektiv mehr Energie in die Frauenbewegung stecken können und weniger unfeministische Arbeit tun müssen.

Die Alternative wäre, daß Frauen dieselbe Arbeit ohne Bezahlung tun. Aber niemand kann von Luft leben. Die Frauen unter uns, die Erfahrung mit Arbeitslosenunterstützung und Sozialhilfe besitzen, betrachten dies nicht als etwas, das sich ein ganzes Leben lang durchhalten läßt. (Obendrein besitzt diese „Lösung", von Unterstützungen zu leben, auch noch eine Kehrseite. Beihilfen sind eine sehr gute Maßnahme für Menschen, die in dieser Gesellschaft ansonsten untergehen würden. Und es ist ein Recht. Aber die Feministinnen, die aus Prinzip von Unterstützungen leben wollen, weil sie glauben, daß sie dadurch „dem Staat" eins auswischen können, erkennen häufig nicht, daß der „Staat" wiederum von den Menschen bezahlt wird, die lohnabhängig arbeiten. Unter anderem Frauen.) Wenn wir als Verlag Arbeitsleistung

nicht bezahlen würden, hieße dies ganz einfach, daß wir viel weniger Bücher zustande brächten und herausgeben könnten und immer noch zusehen müßten, wie kommerzielle Verlage Übersetzun-
gen verwursten, sich die leckersten Happen herausfischen und falsche Publizität erzeugen. Und das Geld, das Frauen für feministische Bücher bezahlen, würde Fonds zufließen, über deren Verwendung wir nicht im geringsten bestimmen könnten. Ich finde, das
ist ein zu hoher Preis, den wir da für unser ,,reines feministisches
Gewissen'' zahlen müßten.

ZUR SPALTUNG VON HETEROFRAUEN UND LESBEN

1. Konfrontation

Liebst du einen Mann? Sie fragt das über siebenhundert Köpfe hinweg. Ja, schreie ich zurück.

Aber, wohnst du mit ihm zusammen?

Nein, rufe ich.

Das spielt sich ab, als ich einen Vortrag halten soll. Zum nächsten Vortrag werde ich von einer Frau des örtlichen Frauenzentrums abgeholt. Kurz geschnittenes Haar, schwarze Kleider, schwarze Lederjacke, Turnschuhe. Bevor sie sitzt, fühle ich die Frage schon kommen. Wir haben hier Gerüchte gehört, du sollst es wieder mit einem Mann machen, sagt sie. Das stimmt, sage ich. Ich hätte nicht gedacht, daß du wieder zurückfallen würdest, sagt sie. In „Die Scham ist vorbei" schreibst du doch, es gebe keinen Weg zurück.

Es geht um meine Identität, meine Stellungnahme. Von meiner Arbeit ist nicht die Rede. Daß ich Schriftstellerin bin und Lehrerin. Nicht von meinem Alter, meiner Klassenzugehörigkeit oder davon, ob ich Mutter bin oder nicht. Es geht auch nicht um meine politische Haltung als sozialistische Feministin, nicht um meine politischen Aktivitäten, nicht um meine Tätigkeiten innerhalb der Frauenbewegung. Nicht um meine Freundschaften, nicht um meine Familie. Das sind nicht die Dinge, die hier meine Identität zu bestimmen scheinen. Es geht um die Frage, wie ich eingeordnet werde. Diese Frage wird anhand einer einzigen Tatsache beantwortet. Nämlich der, ob ich „es" mit einem Mann oder einer Frau mache.

Wir müssen uns als Bisexuelle in einer Gruppe zusammenschließen, sagt eine Frau zu mir, nach dem Vortrag, in einer Kneipe. Wir gehören nirgendwo dazu. Die Heterofrauen haben Angst vor uns. Die lesbischen Frauen meinen, wir seien unzuverlässig, und sagen, daß wir uns nur nicht trauen, uns zu entscheiden. Auch wir müßten einen eigenen Platz in der Frauenbewegung einnehmen. Oh Gott, denke ich, nicht noch eine neue Abspaltung, nicht noch eine neue Identität. In Amerika haben sie jetzt schon Gruppen für zölibatäre Frauen. Und was ist eine bisexuelle Identität? Ist es das, wenn es zwei Menschen gibt, die du liebst, und der eine ist ein Mann und der andere eine Frau? Ist es das, wenn du daraus einen Lebensstil oder ein Prinzip machst? Ist es das, wenn du verheiratet bist, dich aber von anderen Frauen angezogen fühlst? Oder wenn du sexuelle Spielchen erleben willst und es dir gleich ist, mit wem oder was? Bist du bisexuell, wenn deine letzte Beziehung eine Frau war und deine jetzige ein Mann ist oder umgekehrt und du dich nicht auf das Geschlecht einer eventuell folgenden Liebe festlegen willst. Die ernste junge Frau, die sich danach zu mir an den kleinen Tisch setzt, kommt damit auch nicht klar. Ich weiß nicht, was ich bin, sagt sie. Vielleicht bin ich doch lesbisch, sagt sie. Ich möchte gerne lesbisch sein. Aber um das mit Sicherheit zu wissen, mußt du es doch erst einmal ausprobieren. Aber wenn ich etwas mit einer lesbischen Frau anfange und sich herausstellt, daß ich nicht lesbisch bin, dann habe ich sie benutzt, und dann gehöre ich zu den Frauen, die mit anderen Frauen experimentieren, aber sich nicht wirklich für sie entscheiden. Sie schaut mich etwas hilflos an. Wie muß es nun sein? Ich weiß nicht, was ich antworten soll. Ich bin müde.

2. Motivation

Wie üblich ist meine Motivation, einen Artikel zu schreiben, vielschichtig. Ich möchte mich mit Lesben und Heterofrauen, mit unserem Verhältnis zueinander befassen. Ein Grund dafür ist, daß ich in jeder Frauengruppe, in der ich arbeite, neben den Freundschaften quer durch alle Kategorien von „Frauen" hindurch die Spannungen untereinander sehe, das Mißtrauen, die Enttäuschungen und die Mißverständnisse. Nicht allein in kleinen Frauengruppen ist das zu beobachten, auch in der Frauenbewegung als ganze mit ihren verschiedenen Gruppierungen und Strömungen. Aber es ist nicht nur ein strategischer Gesichtspunkt, der mich dazu bringt, das Verhältnis untereinander zu betrachten. Und ich mache es auch nicht nur, weil ich glaube, daß es für die Überlebenschancen der Frauenbewegung als Bewegung entscheidend ist, wie wir dort mit den Unterschieden zwischen Frauen, wie zum Beispiel Klasse, ethnische Herkunft usw. umgehen. Ich finde es auch spannend zu sehen, was ich jetzt mit meinen eigenen Erfahrungen anfangen kann, nach Beziehungen mit Männern, nach einer Beziehung mit einer Frau und jetzt wieder einer mit einem Mann. Wie kann ich mit meinen eigenen Erfahrungen zu einer Klärung des Verhältnisses zwischen lesbischen und heterosexuellen Frauen beitragen? Und wie haben diese Erfahrungen meine Sicht des Feminismus, meine Weltanschauung gefärbt? Was bedeutet es jetzt, wieder in die Schublade „heterosexuell" gesteckt zu werden. Und vor allem: Was bedeutet es alles nicht?

Es geht dabei nicht nur um Veränderungen, die sich in meinem Inneren abspielen. Von meinen verschiedenen „Warten" aus habe ich viel erkennen können, wie unterschiedlich zum Beispiel die Leute auf mich reagierten, als ich lesbisch genannt wurde, und wie, als ich zu den Heteros gehörte. Und nicht nur außerhalb der Frauenbewegung, sondern auch innerhalb. Ich habe als Lesbierin die Reaktionen von Heterofrauen erlebt: Abwehr, Erschrecken, Faszination, Angst, als nicht feministisch genug angesehen zu werden. Aber ich habe auch die Reaktionen von Lesben miterlebt, die Stereotypen über Heterofrauen, die jetzt wieder auf mich zutreffen müßten, es aber nicht tun. Ich habe Erfahrungen in Beziehungen zu verschiedenen Seiten. Ich habe zu vielen Seiten etwas zu sagen.

Dieser Artikel ist für mich selbst eine Reise. Die Verarbeitung von Erfahrungen, sie in Worte fassen. Nachdenken über das, was ich unter Freundschaften und Liebe zwischen Frauen verstehen möchte. Nachdenken über die Unterschiede zwischen Lesben und Heterofrauen, darüber, wie wir die Kluft überbrücken können, ohne dabei die Unterschiede zu leugnen.

3. Der Kontext

Ich lebe in Amsterdam. Ich habe ein selbständiges Einkommen. Ich stehe mitten in einem Beruf, in dem weniger verheiratete als unverheiratete Leute arbeiten, und jeder weiß, wer mit dem eigenen Geschlecht verkehrt. Ich arbeite in einem Beruf, in dem ich nicht trotz, sondern wegen meines Feminismus anerkannt werde. Ich bin Schriftstellerin. Schriftstellerinnen, sagen sie, sind komische Menschen mit seltsamen Gewohnheiten und einem merkwürdigen Liebesleben. Es ist also für eine Schriftstellerin nicht ungewöhnlich, lesbisch zu sein. Das alles muß ich bedenken, wenn ich über „Lesbisch-" oder „Heterosein" schreibe, denn wenn wir über die Unterdrückung als Frau, über die als Lesbierin reden, dann macht die Umgebung, in der du lebst, doch etwas aus. In Amsterdam geht viel, in dem Amsterdam der Mittelschicht oder besser in dem etwas lockeren, gutbezahlten, progressiven Teil der Bevölkerung von Amsterdam. Gibt es denn keinen Unterschied mehr darin, wie mir nachgeschaut wird, wenn ich Hand in Hand mit meiner Freundin durch die Straßen gehe oder wenn ich dasselbe mit meinem Freund mache? Pustekuchen. Als ich mit ihr zusammen war, wurde sie von älteren Frauen auf der Straße nicht gegrüßt, obgleich sie uns oft vorbeigehen sahen. Und noch keine Woche lang ging ich dort mit ihm spazieren, und sie sahen ihn und grüßten ihn ebenfalls. Auch im Restaurant, in dem ich mal mit ihr aß und mal mit ihm, konnte ich diesen Unterschied wahrnehmen. Höflichere Bedienung und obendrein Bonbons und Zigarren, als ich dort als Hälfte eines heterosexuellen Paares war. Als Frauen werden wir häufiger übersehen. Und natürlich, dann gibt es immer noch die kleinen Szenen in Hotels, wenn du selber nach einem Doppelbett fragen mußt, wenn du dort mit einer Freundin stehst, während das Bett dir höflich angeboten wird, wenn du mit einem Mann kommst.

Und ich erinnere mich auch, daß manchmal gefragt wurde „für vier Personen?", wenn sie und ich in ein Restaurant essen gingen, als ob unsere Ehegatten hinter uns auftauchen würden. Eine Reaktion, die ich nie erlebte, wenn ich mit einem Mann ausging. Kleine Anzeichen von Diskriminierung, zumindest ein bestimmtes Maß an Unsichtbarkeit. Aber nicht die Gefahr, entlassen zu werden, nicht die, aus deinem Haus hinausgesetzt zu werden oder deine Kinder zu verlieren. Es erfordert nicht viel Mut, hier Hand in Hand mit deiner Freundin zu gehen. Ich kam mir verbrecherischer vor, als ich mit ihm Hand in Hand ging.

Amsterdam ist eine Stadt, die beinahe eine lesbische Bürgermeisterin bekommen hätte. Und nicht eine, von der hinter vorgehaltener Hand geflüstert wurde, daß sie lesbisch sei, sondern eine, die das vor dem Fernsehen verkündigte, zu der Zeit als sie als Kandidatin aufgestellt war. Natürlich gibt es auch hier Vorfälle, die nicht gerade fröhlich sind. Aber ich will damit nur sagen, daß meine Geschichte von einer bestimmten Umgebung, von einer bestimmten Zeit gefärbt ist.

4. Die Beziehungen

Bist du noch lesbisch, fragt sie.
    Bin ich lesbisch?
    Knappe zehn Jahre lang, mit einer Unterbrechung von einigen Jahren, hatte ich eine Beziehung mit einer Frau. Eine primäre Beziehung, eine sexuelle. Ich hatte natürlich viele Beziehungen zu Frauen, Freundschaften, die noch weiter zurückgehen als diese

zehn Jahre, Frauen, mit denen ich zusammenarbeite und die ich häufiger sehe, als die Frau, mit der ich, wie es genannt wird, eine Beziehung habe.

Ich habe jahrelang keine Beziehung zu einem Mann gehabt. Das heißt keine primäre, keine sexuelle Beziehung. Sicher, ich hatte Beziehungen zu Männern. Ich habe einen Sohn, mit dem habe ich schon zwanzig Jahre lang eine liebevolle Beziehung. So lange hat keine „Liebe" gehalten. Eine Beziehung, die viel für mich bedeutet, die großen Einfluß auf die Gestaltung meines Lebens gehabt hat. Ich gewann in den letzten Jahren auch wieder Freunde. Ich suchte gemischte Gruppen auf. Teils aus persönlicher Neugier. Habe ich mich verändert, haben sie sich verändert? Teils aus einer wohlüberlegten Strategie heraus: Einige Dinge, die ich an die Öffentlichkeit tragen möchte, bleiben zu stark in den geschlossenen Frauenkreisen, während ich sie auch für dort draußen meine. Manchmal war es enttäuschend, aber meistens ging es gut. Fehlendes Verständnis bringt mich nicht mehr so aus der Fassung. Ich werde nicht mehr so böse, wenn ich etwas erklären muß. Ich bin selbstsicherer geworden und damit auch ein bißchen ruhiger. Ich brauche nicht mehr Recht zu bekommen. Ich brauche mich nicht mehr so zu verteidigen. Was ich entwickelt habe, mein Selbstwertgefühl, das kann mir niemand mehr nehmen. Und auch sie hatten sich verändert, die Männer, mit denen ich arbeitete. Nicht alle. Es waren welche darunter, die ziemlich hysterisch reagierten, als ich die Zügel in die Hand nahm. Aber die meisten fanden es sehr gut. Sie hörten zu. Sie hatten den Mut, von mir zu lernen. Eine positive Erfahrung.

Zurück zur Freundin. Ich nannte mich lesbisch. Ich tat das mit viel Vergnügen, großem Enthusiasmus. Das „Coming-out" war für mich kein großer Schritt mehr. Ich habe mich als Frau, als unverheiratete Mutter, als alleinstehende Frau, als aktive Feministin stärker unterdrückt gefühlt. So viele Menschen meinten sowieso schon, daß ich nichts tauge und daß ich lesbisch sei, ach, die einzige, die das noch nicht gedacht hatte, war ich selbst.

Ich nannte mich lesbisch, laut und stolz. Schau, wollte ich sagen, das geht also: Obwohl du jahrelang zwanghaft auf Männer versessen warst und dich damit abgefunden hattest, daß dein Leben ziemlich sexlos aussieht, wenn du dich nicht mehr in die vorprogrammierten heterosexuellen Frauenrollen einfügen willst, wenn du nicht die Ehegattin sein willst und auch nicht mehr die Nebenfreundin. Nicht die Frau, auf die er ein Abonnement hat und auch nicht die Wegwerffrau. Als ich von Männern Abschied nahm, war das ein Prozeß der Trauer. Denn natürlich hatte ich sie auch geliebt. Hatte ich doch hinter den grauenhaften Klischees in den sechziger Jahren zärtliche Menschen gesehen, genauso ängstlich und verwirrt wie ich.

Es war also eine Überraschung, als sich herausstellte, daß ich mich in eine Frau verliebt hatte. Nicht, weil es wegen der Frauenbewegung sein mußte, und nicht, weil dort propagiert wurde, daß Feminismus nur dann konsequent ist, wenn du nicht mehr mit dem Feind schläfst (das tat ich schon lange nicht mehr) und dich aus politischen Gründen für eine Frau entscheidest, sondern vor allem deshalb, weil ich sie toll fand. Und lieb. Und anziehend. Und interessant.

Ich nannte mich lesbisch. Ich schrieb darüber, erzählte davon. Ich fand es für andere Frauen wichtig, die glaubten, lesbisch könnte nur eine sein, die schon mal in ihre Sportlehrerin verliebt war. Schau: Das kann passieren, wenn du dich selber und andere Frauen wirklich ernst nimmst. Wenn du dich in deinem Frauenkörper gut fühlst. Und wenn es dir ganz egal ist, was man von dir sagt. Ich hoffte, daß auch andere Frauen es als eine Möglichkeit sehen würden, die auch sie in sich hatten. Es geht. Wenn du dich selber magst, kannst du auch einen anderen Frauenkörper lieben. Einsamkeit braucht nicht die Alternative zu sein, wenn du in einer heterosexuellen Beziehung nicht mehr kaputtgehen willst, in der nicht auf dich gehört wird, nicht darauf, was dein Körper möchte, nicht auf deinen Verstand. War ich eine Separatistin? Keine prinzipielle. Nicht eine, die behauptete, daß der feministische Heilsstaat kommen würde, wenn wir nur alle unsere Verbindungen zu Männern abbrechen. Aber konkret sah mein Leben damals ziemlich separatistisch aus, und so wollte ich es auch. Ich hatte Freundinnen, kaum Freunde. Je mehr sich meine Arbeit, meine politischen Aktivitäten und meine Freundschaften zu überschneiden anfingen, desto mehr waren es wie von selbst fast nur Frauen, mit denen ich umging. Mit der Beziehung zu meiner Freundin, mit der ich Frauenfestivals besuchte und in Frauencafés ging und die genauso wie ich Frauenarbeit machte, schloß sich der Kreis. Separatismus nicht als Prinzip, sondern als Voraussetzung. Politisch war es notwendig, eine autonome Frauenbewegung aufzubauen. Persönlich brauchte ich es, den verletzenden Beziehungen mit Männern, die ich hinter mir hatte, ade zu sagen. Mein Selbstrespekt stand auf dem Spiel. Meine Identität als Frau.

Dieser Stolz und dieser Selbstrespekt und meine Beziehungen mit Frauen können mir nicht mehr genommen werden. Ich brauche sie nicht mehr zu schützen. Nach zehn Jahren Separatismus — als Mittel, nicht als Ziel —, hatte ich das Bedürfnis, kleine Schritte aus diesem Zirkel heraus zu machen. Ich versuchte es zuerst vorsichtig, so wie du mit deinen Zehen fühlst, ob das Meer nicht zu kalt ist. Ich machte es aus politischen Gründen: Ich gehe davon aus, daß es wichtig ist, die gesellschaftlichen Institutionen, die von Männern beherrscht werden, ihnen nicht zu überlassen. Und weil ich es als Feministin erforderlich finde, sich Bundesgenossen außerhalb der eigenen Gruppe zu suchen. Aber es war auch ein persönliches Bedürfnis. Das Frauenghetto wurde mir manchmal zu klein, zu eng. Ich hatte das Bedürfnis nach Luft, nach anderen Anregungen. Und ehrlich gesagt, Beziehungen zwischen Frauen sind nicht immer nur schön. Die Neigung der Frauen untereinander, sich gegenseitig kleinzuhalten und für Erfolg zu bestrafen, machte mich manchmal ganz schön fertig. Liebe mit Voraussetzungen: Solange ich in meiner Opferrolle verharren würde. Aber nicht, wenn ich Schritte unternahm, um aus dieser herauszukommen.

Ich arbeitete einige Jahre in mehreren gemischten Gruppen, zusätzlich zu meiner Frauenarbeit. Ich verliebte mich in einen Mann. Mit Erstaunen. Ich hatte es nicht mehr zu meinen Möglichkeiten gezählt. Ich habe jahrelang für Männer keine ,,Antenne" gehabt, so wie vor der Frauenbewegung keine für Frauen. Aus der Verliebtheit wurde Liebe. Die Beziehung mit der Freundin ging in die Brüche. Und zwar nicht weil eine andere Beziehung im Spiel war, obwohl das natürlich auch hätte sein können. Die Risse im Glück waren schon vorher sichtbar gewesen, die Unterschiede im Lebensstil und in den Gewohnheiten nahmen zu, die Zukunftsperspektiven liefen zu stark auseinander. Das Ende einer Reise. Und genauso wenig wie ich sage, daß eine Reise mißglückt ist, wenn sie endet, laß' ich mir einreden, daß diese Beziehung mißglückt ist. Aber sie hat geendet.

Für die Menschen mit einer einfachen Weltanschauung ist die Sache klar. Ich bin wieder zurückgefallen. Ich bin ins Patriarchat zurückgekehrt. Meine heterosexuelle Konditionierung hat offensichtlich gesiegt. Und vielleicht konnte ich es ja nicht ohne die gesellschaftliche Anerkennung aushalten.

Für mich persönlich ist es kein Schritt zurück. Ich möchte wieder mit dem gleichen Vergnügen wie damals sagen: Schau, das geht auch noch. Vielleicht gibt es das selten, wahrscheinlich gibt es das selten, aber es gehört zu den Möglichkeiten. Eine Beziehung zu einem Mann, ohne daß ich meine Identität dafür hergeben muß, seine aufrecht zu erhalten. Jemand, der sich nicht bedroht fühlt von meinem Erfolg und keine Streitereien über den Haushalt, denn seinen Haushalt macht er schon seit Jahren selbst. Schau, möchte ich sagen, wie ungeheuer schön, wie hoffnungsvoll, daß wir nicht alle als Roboter vom Patriarchat konditioniert worden sind. Wie hoffnungsvoll, daß es Männer gibt, die es anders machen.

5. Die Identität

Aber wie soll ich mich nun nennen?

Wenn ich mich heterosexuell nenne, leugne ich zuviel. Eine jahrelange Beziehung mit einer Frau scheint wie weggefegt. Bisexuell? Als ob ich mit einem Fuß außerhalb meiner Beziehung stehe, anstatt mit dem ganzen Herzen dabei zu sein. Als ob ich mich nur vollständig fühle, wenn ich auch noch eine sexuelle Beziehung mit einer Frau habe. Lesbisch? Ich würde mich weiterhin lesbisch nennen wollen, als Gegengewicht gegen den Heterosexismus. Weil ich es beleidigend finde, daß Menschen automatisch davon ausgehen, daß ich hetero bin. Solange bis sich herausstellt, daß ich es nicht bin. Ich finde es noch immer quälend. Lesbisch nenne ich mich, weil ich Frauen liebe, weil mein Verhältnis zu meinen Freundinnen immer noch das gleiche ist. Weil ich mich gegen Heterosexualität als Institution wehre. (Was nicht dasselbe zu sein braucht wie Heterosexualität als Erfahrung. So wie Adrienne Rich auch einen Unterschied macht zwischen Mutterschaft als Institution, die unterdrückend sei, und Mutterschaft als Erfahrung, die nicht unterdrückend zu sein brauche.) Aber wenn ich lesbisch sage, sieht es aus, als ob ich meine Beziehung mit einem Mann verleugne. Eine Liebe kleiner mache, die einen großen Platz in meinem Leben einnimmt. Als ob ich mich von neuem schäme. Und damit hatte ich doch aufgehört. Ich kann demütig mein Haupt beugen und sagen, es tut mir leid, Frauen, das Leben war stärker als die Lehre. Der Geist war willig, aber das Fleisch war schwach. Ich kann auch erklären, daß ich meinen Liebhaber nur als ein Sexualobjekt benutze. Ich kann Berechnungen anstellen und sagen: Er nimmt nur zwanzig Prozent meiner Zeit und meiner Energie in Beschlag, die anderen achtzig Prozent verbringe ich mit Frauen. Ich kann ihn ein bißchen wegmogeln, und seine Hand loslassen, wenn wir am Frauenhaus vorbeigehen und hoffen, daß niemand uns sieht.

Aber Billigung ist nicht das, was ich suche. Ich hatte schon gelernt, meinen Weg zu finden, auch ohne die Anerkennung der etablierten Ordnung. Das war eine gute Übung, um es jetzt, da es um Teile der Frauenbewegung geht, deren Normen ich nicht erfülle, auch ohne Anerkennung zu schaffen.

Mich interessiert hier die Definition, die gebraucht wird. Wenn ich nicht in die Definition passe (und da bin ich bestimmt nicht die einzige), bin ich dann komisch, oder ist etwas mit der Definition nicht in Ordnung? Woher kommt die Definition denn eigentlich, die Definition von „lesbisch"?

6. Kultfrau

Bevor ich in der Geschichte weitergehe und zu der historischen Erfindung der Lesbierin und zu den Definitionen komme, die wir davon übrig behalten haben, scheint mir dies der richtige Moment zu sein, um über eine unangenehme Begleiterscheinung zu reden, wenn du eine Leitfigur bist, im Deutschen so schön „Kultfrau" genannt.

Ich beklage mich hier nicht über die Tatsache, daß ich, eh' ich mich versah, zur feministischen Anführerin ernannt worden bin. Ich habe mich bestimmt nicht um diese Funktion beworben, da ich aber schreibe und schon Jahre in einer sehr ausgeprägten Weise Teil einer wichtigen Bewegung bin, wurde ich das. Das tut mir nicht leid: Natürlich ist es mir lieber, daß Menschen sich für meine Arbeit interessieren, als daß sie ihr gleichgültig gegenüberstehen. Aber es gibt dabei auch einige unerwünschte Nebenwirkungen. Eine davon ist, daß jene, die meine Bücher oder Artikel lesen, in denen ich häufig meine persönlichen Erfahrungen als Material benutze, meine Lebensweise oder die Entscheidungen, die ich treffe, als Vorbild ansehen. Sie glauben, daß, wenn ich eine Beziehung mit einer Frau habe, ich damit sage, daß alle Frauen lesbisch werden müssen. Was ich zwar schön fände, aber nicht gesagt habe. Sie denken, daß, wenn ich zwei Beziehungen habe, das der neue Trend ist. Von mir aus kann die jede haben, aber ich würde keiner besonders dazu raten, wenn du daneben auch noch deine Arbeit machen willst: Es ist ziemlich zeitraubend und emotional aufreibend, habe ich erfahren. Und sie denken, daß jetzt, da ich in einer Beziehung mit einem Mann stecke, die Frauenbewegung wieder grünes Licht für heterosexuelle Beziehungen gegeben hat. Das „Anja-Meulenbelt-Syndrom" nannte es eine niederländische Feministin böse — und zu Recht, als ob ich die „Direktorin" der Frauenbewegung sei, die festsetzt, wie die neue Richtung aussieht. (Die Verärgerung über das Bedürfnis nach Vorbildern von Frauen finde ich gerechtfertigt, ich finde es aber doch nervig, wenn diese sich gegen mich richtet anstatt gegen die Frauen, die Vorbilder suchen und die Erlebnisse von oben brauchen.)

Also, um der Klarheit willen, manche Dinge sage ich nicht. Ich sage nicht, daß ich jetzt, da ich eine Beziehung mit einem Mann habe, finde, daß heterosexuelle Beziehungen besser sind als lesbische Beziehungen. Ich sage auch nicht, daß ich hoffe, alle Frauen würden mir folgen, auf der Suche nach nicht-sexistischen Männern (das werden dann sowieso Wartelisten und Schichtarbeit).

Ich würde es bedauern, wenn wir in der Frauenbewegung in das „es ist doch alles dasselbe" zurückfielen und nicht miteinander über die Übereinstimmungen und Unterschiede zwischen lesbischen und heterosexuellen Frauen im Gespräch bleiben. Aber daß anscheinend einige Frauen jetzt einen Seufzer der Erleichterung ausstoßen und glauben, daß „es jetzt wieder erlaubt" ist von der Frauenbewegung, weist sicher auf Probleme hin, die wir innerhalb der Frauenbewegung miteinander haben.

7. Gefühlsfreundinnen

„Ich brauche dich nicht. Es stimmt, daß ich keinen Freund habe, daß ich niemanden lieber mag als dich, aber ich habe eine Freundin, die mir noch lieber ist. Mit ihr tausche ich die Gedanken aus, die ich nicht mit dir zu teilen wünsche. Meine Liebe für sie übersteigt jede Zuneigung, selbst die, die ich für dich erlernen könnte. Sie geht vor. Sie ist eine Freundin, so wie du es nie sein könntest, und ich kann dich nicht heiraten, selbst wenn du ein besserer Freund von mir wärst als sie. Du würdest vorgehen, und das geht nicht, denn sie geht vor."

„Ist das alles, was uns auseinanderhält", sagt Jaques erstaunt. „Eine einzige Frau?"

„Der Grund, daß sie uns auseinanderhält", sagt Enid, „ist, weil diese Frau und ich uns begreifen, miteinander mitfühlen, uns brauchen. Du und ich nicht. Es ist nicht nur ihre Weiblichkeit, es ist ihre Freundschaft. Es könnte sein, daß es einen Mann gibt, der mir diese Empfindung der Gleichheit der Gefühle vermittelt, die ich bei ihr finde — es könnte möglich sein —, manche Frauen finden solche Männer. Aber es gibt noch nicht genug für uns alle."

Klingt es modern? Es wurde 1897 geschrieben. Und es gibt viele solcher Dokumente: Briefe, Bücher, Tagebücher. Lillian Faderman, die ein Buch schrieb über die romantische Freundschaft und Liebe zwischen Frauen von der Renaissance bis heute, bekam die Idee zu ihrer Untersuchung, als sie Gedichte von Emily Dickinson studierte und deren Briefe an Sue Gilbert, die später ihre Schwägerin wurde. Die große Leidenschaft in Emily Dickinsons Leben waren, wie es scheint, nicht die Männer, die in den Autobiographien des zwanzigsten Jahrhunderts als ihre Geliebten aufgeführt werden, sondern es war diese Frau. Das ist an sich nicht sonderlich erstaunlich. Leidenschaft zwischen Frauen gab es schon immer, und die Tatsache, daß die späteren Biographien diese Liebe übersahen und verschwiegen und ihr allerlei Herrenliebschaften andichteten, ist auch nicht überraschend. Es geschieht oft, daß Frauenliebe nicht wahrgenommen wird, selbst dann, wenn es schwerfällt, nicht darüber zu stolpern. Was Lillian Faderman überraschte und was sie zum Nachdenken brachte, ist, daß Dickinson sich überhaupt nicht die Mühe machte, diese Liebe zu einer anderen Frau zu verbergen. Kein Schuldgefühl, keine Angst, kein Geheimnis. Aber das Gedicht mit der Schilderung von ihr, wie sie das „sweet weight" einer anderen Frau nachts auf ihrem Herzen trägt, das sind doch nicht die Worte, wie sie zu einer gewöhnlichen Freundschaft gehören, selbst nicht, wenn wir davon ausgehen, daß die viktorianische Sprache blumiger gewesen sei als unsere.

Carrol Smith Rosenberg hatte schon in ihrem Essay „The feminine World of Love and Ritual" angedeutet, daß im vorigen Jahrhundert viel mehr Beziehungen zwischen Frauen bestanden, als wir jetzt vermuten, aber dennoch hatte Faderman nicht annehmen können, daß das Material so überwältigend sein würde. Briefwechsel um Briefwechsel aus dem neunzehnten Jahrhundert, den sie las, ob es aus Amerika, aus England, Frankreich oder Deutschland war, legte Liebesbeziehungen zwischen Frauen offen und alle ohne die Spur irgendeines Gedankens, daß sie etwas machten, das nicht erlaubt war. Es zeigte sich, daß es Namen für diese Beziehungen gab, die wir jetzt nicht mehr kennen: Die Liebe zwischen Gleichgesinnten, eine Bostoner Ehe, und Gefühlsfreundinnen. Und es blieb auch nicht bei dem neunzehnten Jahrhundert, der viktorianischen Zeitspanne, auch im achtzehnten und siebzehnten Jahrhundert traten diese romantischen Freundschaften auf und wurden offensichtlich als ganz normal angesehen. In dem dicken Buch von Faderman finden wir schöne Beispiele leidenschaftlicher Prosa zwischen Frauen und der selbstverständlichen Anerkennung der Beziehung zwischen Freundinnen, wie in dem oben aufgeführten Zitat. Aber das Wort „lesbisch" taucht in diesen passionierten Freundschaften nicht auf.

Zwei Anmerkungen habe ich dennoch zu dem sonst hervorragenden Buch von Faderman. Die eine ist, daß sie alles mögliche anstellt, um die Unschuld ihrer Heldinnen zu beweisen. Indem sie ständig betont, daß von einer „genitalen Involviertheit" nicht die Rede sein könne, möchte sie die Freundschaften vor dem Prädikat „sexuell" retten. Währenddessen die wichtigste Aussage, die sie macht, wie ich meine, nun gerade die ist, daß das nicht soviel ausmacht. Stell dir vor, daß nicht alle Frauen, die zueinander ins Bett kriechen, die Hände über der Decke behielten, macht das was aus? Was mich angeht, nicht viel. Denn es geht um die Definitionen von Beziehungen, nicht so sehr um die Handlungen. Was sie taten, macht erst dann etwas aus, wenn sexuelle Handlungen den Kernpunkt bei der Definition von Beziehungen und Identitäten bilden. Und die „Lesbierin" mußte noch erfunden werden.

Die zweite Anmerkung, aber das ist Faderman nicht vorzuwerfen: das Buch handelt von den Beziehungen zwischen Frauen der besseren Stände. Das ist kaum anders möglich, wenn du nur über geschriebenes Material verfügst, denn Briefe und Tagebücher gehörten zu der Kultur der höheren Klassen, weniger zu den Bäuerinnen und Arbeiterinnen. Wir wissen nicht viel über die Beziehungen zwischen Frauen außerhalb dieser Damensalons. Aber natürlich können wir darüber nachdenken.

In einer Arbeitsgruppe, in der wir uns über Beziehungen zwischen Frauen unterhielten, erzählte eine Frau von einem Gespräch mit ihrer Mutter, der sie erzählen wollte, daß sie lesbisch geworden sei.

Hattest du nie Freundinnen, fragte sie ihre Mutter, die ihr ganzes Leben auf einem Bauernhof verbracht hatte. Natürlich, antwortete diese. Wenn wir ein Mädchen brauchten, das bei uns arbeiten sollte, suchte ich sie selber aus, und dann suchte ich natürlich eine aus, die ich sehr nett fand. Ich erinnere mich, daß ich mit einer von ihnen in der Dämmerung noch oft einen kleinen Spaziergang machte. Dann gingen wir Arm in Arm und setzten uns irgendwohin, und dann erzählten wir einander alles.

Und eine Surinamerin erzählt von den Freundschaften zwischen den ärmsten Frauen, die häufig allein oder zusammen mit anderen Frauen ihre Kinder großzogen. Daß sie miteinander feierten, nur Frauen. Und daß manche Frauen eine „Matti" hatten, eine Busenfreundin, auf die sie immer rechnen konnten, eine Kameradin, eine Art Ehe fast, und daß damit Lesbischsein als etwas von den Asozialen angesehen wurde, den armen Frauen. Und daß du, als du versuchtest in der Gesellschaft weiterzukommen, lieber keine „Matti" mehr hattest. Und daß auch sie die Freundin, mit der sie das Bett teilte, verlor, weil das nicht mehr „anständig" gefunden wurde, als sie in die Niederlande kam.

Und dann ist da meine Erfahrung in China, über die ich ein Buch geschrieben habe: „Kleine Füße, große Füße". Lesbische Frauen haben wir hier nicht, sagten mir die Chinesinnen. Lesbischsein, das ist eine westliche Erscheinung, das kennen wir aus Romanen. Aber gleichzeitig hielten sie mich liebevoll fest und gingen ständig eng umschlungen. Habt ihr denn keine Freundinnen, fragten wir, Freundinnen, die ihr sehr gerne habt. Natürlich, sagten sie strahlend. Aber lesbische Frauen, was machen die eigentlich, fragte die Fremdenführerin mich danach im Bus.

Was ich sah, als ich in China war, waren Bindungen und Freundschaften zwischen Frauen. Ist denn Heterosexualität nicht die Norm? Heterosexualität sicher, und von allen Frauen wird erwartet, daß sie heiraten. Aber eine Ehe nimmt dort nicht den gleichen Platz ein wie hier. Ein Großteil des Tages sind die Frauen unter sich, die Männer unter sich. Es existiert nicht so eine durchgehende Ideologie der „großen Liebe", die du in einer Beziehung erleben sollst, unter Ausschluß all deiner anderen Beziehungen. Ich erkannte neben der Heterosexualität also auch eine große Homosozialität, ein Netzwerk von Beziehungen und Freundschaften zwischen Frauen, so wie wir sie hier im Westen wieder über Frauenhäuser und Frauengruppen aufbauen müssen. Es gelang mir auch kaum, Chinesinnen zu erklären, warum wir Cafés einrichten, wo Frauen andere Frauen treffen können, ohne die Anwesenheit von Männern. Wofür wir hier kämpfen müssen, was wir erklären und verteidigen müssen, sogar gegen die Geringschätzung vieler Frauen für andere Frauen, ist dort ganz normal. So wie die Surinamerin es wiedererkannte und die Frau mit der bäuerlichen Abstammung. Was haben wir doch alles verloren, mit unserer heterosexuellen Kultur, in der Menschen sich in Zweier-Paare aufteilen und in der Frauenfreundschaften nur definiert werden können, wenn sie das Spiegelbild der sexuell definierten, exklusiven heterosexuellen Besitzbeziehung darstellen?

8. Erste Liebe

Wir hatten alle schon mal Liebeskummer, entdecken wir, als wir in einer Frauengruppe Erfahrungen über die wichtigsten Frauen in unserem Leben austauschen. Alle miteinander dachten wir noch an die Freundinnen von früher, die Mädchen in der Schule, die wir verloren, als sie Freunde bekamen. War es nicht die Regel, daß du deine Freundin fallenlassen mußtest, wenn ein Junge im Spiel war. Und auch später, wie viele Freundinnen verschwanden, als sie heirateten, wie viele Frauen bekamst du danach nur noch mit einem Mann zu sehen, als die Hälfte eines Paares. Und wir denken an die Tanten, die aus unserem Leben verschwanden, die Großmütter, die Nachbarmädchen, mit denen wir Geheimnisse teilten. Und natürlich, unsere erste Liebe, wie schmerzhaft wir später auch oft enttäuscht worden sind, unsere Mütter. Unsere Mütter waren einst unser ganzes Leben. Eine symbiotische Beziehung, wie wir sie später nicht mehr erlebt, aber immer gesucht haben.

Meine Mutter war der Anlaß für meinen ersten Liebeskummer, als sie mich nicht mehr vor den Gefahren von außen beschützte, vor der Autorität meines Vaters, und ich war noch zu klein, um zu erkennen, daß sie tat, was sie konnte. Für mich war sie allmächtig, aber sie war es natürlich nicht, das weiß ich jetzt. Ich vergebe ihr; aber die Sehnsucht ist lange geblieben, genauso wie ich es bei anderen Frauen sehe: nach einer, die dich versteht, einer, mit der du alles teilen kannst. Wärme. „Frau sucht Frau in Mann, ihr Leben lang", schreibt die niederländische Dichterin Maria van der Steen. Wir haben versucht, unsere erste Liebe in Männern wiederzufinden, so wie es vorgeschrieben war, und sie dort oft nicht gefunden. Wir suchen sie bei anderen Frauen. Aber alle, alle haben wir Frauen verloren, weil wir in einem System leben, in dem Frauen nicht sich selber, nicht einander gehören.

Liebeskummer, so zeigt sich, hatten wir alle als Frauen, an der Oberfläche oder tief weggesteckt, ungeachtet der Tatsache, ob wir nun die Frau, nach der wir uns sehnen, unsere „erste Liebe", in einem Mann oder in einer Frau wiederzufinden versuchen. Und das verbindet uns. Frauen, ungeachtet der Tatsache, ob wir uns später selber als heterosexuell oder schon als lesbisch definieren. Eine Liebe, die wir vergessen haben, jetzt, da wir „groß" sind.

9. Von der Sünde zur Krankheit

Aber zurück zur Erfindung der Lesbierin und den Folgen einer modernen Definition der Beziehungen zwischen Frauen, die die Sexualität in den Mittelpunkt stellt.

Im vorigen Jahrhundert kam es, daß allmählich anders über Homosexualität nachgedacht wurde. Davor gab es natürlich Leute, die homosexuelle Beziehungen pflegten, und wir wissen, daß darauf in verschiedenen Kulturen unterschiedlich reagiert wurde. In der Antike wurde homosexuelles Verhalten akzeptiert, das heißt, es wurde normal gefunden, wenn erwachsene Männer sich jüngere oder ihnen untergeordnete Männer „nahmen". Die Trennungslinie verlief dort nicht zwischen Hetero- und Homoverhalten, sondern zwischen aktivem sexuellen Verhalten, also zwischen denen, die „nahmen", die erwachsenen Männer, und denen, die passiv zu sein hatten, also „genommen" wurden, junge Männer und Frauen. Ein Mann, der davon abwich, war damit noch nicht als ein anderer Menschentypus gekennzeichnet, nicht als Homosexueller, sondern als ein Mann, der sich „weibisch" verhält.

Wir kennen alle die Schreckensberichte aus dem Mittelalter und später. Die Sodomitenverfolgungen, mit denen alle Männer zu rechnen hatten, die „widernatürliches" sexuelles Verhalten zeigten. Weil Frauen kaum ein autonomer sexueller Trieb zugesprochen wurde, wurden Frauen auch selten als sexuell Aktive betrachtet und sind kaum verfolgt worden, so wie männliche Sodomiten aufgehängt, verbrannt oder gefoltert wurden. Aber natürlich kennen wir auch die Hexenverfolgungen, die Frauen mit abweichendem Verhalten trafen.

Für uns ist es wichtig, zu begreifen, daß Menschen damals zwar für ihre Taten bestraft wurden, und hart bestraft, aber damit noch nicht als ein anderer Menschentypus angesehen wurden. Sodomie war eine Sünde, ein Vergehen, aber keine Charaktereigenschaft, keine Identität.

Als sich im vorigen Jahrhundert Sexualwissenschaftler wie Hirschfeld, Havelock, Ellis u. a. mit sexuell abweichendem Verhalten beschäftigten, rückte Homosexualität aus der Nähe der Sünde in die Nähe der Krankheit. Wie seltsam das auch klingen mag, in dieser Zeit war das auch emanzipatorisch. Denn wenn Homosexualität kein Verbrechen ist, sondern ein angeborener sexueller Trieb oder eine inhärente sexuelle Vorliebe, dann brauchst du die Armen, die darunter leiden, auch nicht zu strafen, sondern mußt ihnen helfen. Sie können schließlich nichts dafür.

Die Erfindung des Homosexuellen als besonderen Menschentypus, als eine Art dritten Geschlechts, ist also eine moderne Erfindung, knapp ein Jahrhundert alt. Und auf männliche Homosexuelle — Männer, bei denen etwas schiefgelaufen sein sollte, wodurch sich ihr sexueller Trieb auf jemanden ihres eigenen Geschlechtes richtete —, folgte die Erfindung der Lesbierinnen — Frauen, die auf die eine oder andere Weise eine männliche Konstitution besaßen (durch Hormone oder eine falsche Erziehung oder erbliche Ursachen) und sich dadurch von selber, ohne das zu wollen, von anderen Frauen angezogen fühlten.

Es ist kein Zufall, in welcher historischen Periode die Erfindung der Lesbierin stattfand, warum die Beziehungen zwischen Frauen, die offensichtlich schon immer bestanden haben, ausgerechnet zu diesem Zeitpunkt in „Verruf" gebracht wurden. In den Zeiten, die Faderman beschreibt, gelang es nur wenigen Frauen, die Konsequenzen aus ihren Beziehungen mit anderen Frauen zu ziehen und entweder unverheiratet zu bleiben oder mit einer Frau zusammenzuleben. Es waren so wenige dazu ökonomisch in der Lage, daß sie tolerierte oder sogar als Exzentrikerinnen bewunderte Einzelgängerinnen blieben.

Aber in dieser Zeit, in der die Sexualwissenschaftler damit beschäftigt sind, alle menschlichen Abweichungen zu erfassen, ist die Frau im Begriff, ihre Stellung drastisch zu verändern. Eine Frauenbewegung wird aktiv. Frauen aus der Mittelschicht fordern Zugang zu höheren Ausbildungen, fordern bessere Berufe, die bis dahin nur den Männern vorbehalten waren. Es entsteht eine neue Generation junger Frauen, die ihre Familien verlassen und in den großen Städten nach Büroanstellungen suchen. Es entwickelt sich langsam ein neues Frauenbild, die „freie Frau", die unabhängig sein, die nicht heiraten will, beziehungsweise nur auf der Basis der

Gleichberechtigung. Die Definition der Lesbierin als unnatürliche, pseudomännliche und kranke Frau richtet sich gegen diese neue Generation von Frauen und gegen die Gefahr, daß sich Frauen in zunehmendem Maße nicht mehr der patriarchalen Herrschaft unterordnen werden. Während es sich früher nur einige wenige Frauen mit einer Erbschaft oder eigenem Vermögen erlauben konnten, sich mit der Freundin aufs Land zurückzuziehen, droht sich nun eine ganze Generation von Frauen der Ehe zu entziehen. Und so zeigt sich, daß die Lieben zwischen Frauen nicht mehr unschuldig, sondern gefährlich sind. Und alle Frauen, die sich nicht wie von Frauen erwartet verhielten, wurden in Verruf gebracht, um Liebesbeziehungen untereinander zu verhindern und andere Frauen abzuschrecken, ganz gleich, ob sich die „moderne Frau" der Ehe entzog, weil sie ganz einfach selbständig sein und ihren eigenen Beruf ausüben wollte oder weil es ihr widerstrebte, beherrscht zu werden, oder weil sie, aus der Sicht unseres zwanzigsten Jahrhunderts, tatsächlich ein sexuelles Verlangen nach einer anderen Frau hatte und somit wirklich lesbisch war. Und die Definition der Lesbierin, die jeder sich selbst respektierenden, sich nicht den Männern unterordnenden Frau aufgedrückt wurde, hatte eine Abschreckungsfunktion, so wie sie die auch heute noch hat.

10. Subkultur

Aber die Erfindung der Lesbierin gab Frauen auch die Möglichkeit, als Gruppe eine eigene Identität herauszubilden, eine eigene Kultur — das ist die andere Seite. Wir müssen bedenken, daß beinahe jede unterdrückte Gruppe innerhalb einer eigenen Kultur geboren wird. Wenn du schwarz bist, eine Arbeiterherkunft hast oder jüdisch bist, wirst du in die Gemeinschaft von Deinesgleichen geboren. Aber Menschen, die sich als homosexuell definieren, sind in einer heterosexuellen Kultur geboren. Es gibt keine Vorbilder. Es existiert keine historisch gewachsene Geschichte, von der du ungewollt ein Teil bist. Deshalb ist auch das Festhalten unserer eigenen Geschichte doppelt wichtig. Du mußt deine eigene Geschichte machen und deine eigene Kultur schaffen. Das ist auch ein Grund, warum homosexuelle Menschen für eine Definition von außen so empfänglich gewesen sind. Die Definition der Sexualwissenschaftler wurde von einer neu entstehenden homosexuellen und lesbischen Subkultur übernommen. Wir kennen die

Schilderungen aus „Quell der Einsamkeit" von Radcliffe Hall, die damals noch von den Sexualwissenschaftlern ihrer Zeit anerkannt werden und eine Bescheinigung haben wollte, daß sie eine „Richtige" sei, die sich ihr Schicksal nicht ausgesucht hat.

Die Zeiten haben sich verändert. Es geht nicht mehr darum, akzeptiert oder toleriert zu werden. Es wird nicht mehr länger gesagt: „Wir können nichts daran ändern", so wie damals gesagt wurde, als so etwas wie eine homosexuelle Identität entstand, als Frauen zum ersten Mal sagen konnten: „Ich bin lesbisch."

Aus der Defensive sind die Emanzipationsgruppen der Homosexuellen und Lesben in die Offensive gegangen: Ein Angriff auf die selbstverständliche Heterosexualität der Gesellschaft, in der wir leben. Nicht der Homosexuelle/die Lesbe ist krank, sondern die Welt, in der wir leben müssen.

Und heute besteht auch eine ganze Skala homosexueller Identitäten. Nach einer sanften Phase des „Homophilen", als die Menschen sagten, es ginge doch nicht allein um Sex, und sie seien doch im Grunde genauso wie heterosexuelle Menschen, folgten härtere Phasen: aggressive Schwulenkulturen, Lesbengruppen, die lesbische Nation, „alle Frauen sind lesbisch, außer denen, die es noch nicht wissen" und der Gegenangriff: warum seid ihr eigentlich noch heterosexuell?

11. Schwestern

Wir haben gewonnen und verloren, mit der Emanzipation der Homosexuellen, mit dem Befreiungskampf der Lesbierinnen. Wir haben gewonnen, weil wir nicht mehr aufgehängt oder verbrannt werden. Wir haben gewonnen, weil wir außer von rückständigen Leuten nicht mehr als krank angesehen werden. Wir kommen nicht mehr so leicht für unsere sexuellen Beziehungen ins Gefängnis. Und als Frauen ganz sicher: Wir haben gewonnen, weil wir gesehen werden und weil wir uns selbst als handelnde Personen, als Subjekte mit einer eigenen Sexualität erkennen, die nicht automatisch von der eines Mannes abgeleitet zu werden braucht.

Aber wir haben auch etwas verloren mit diesem typisch westlichen Phänomen des letzten Jahrhunderts, das zu einem patriarchal-kapitalitischen System gehört und bei dem Beziehungen „sexualisiert" werden, „sexuelle Vorlieben" als das Zentrum deiner Identität angesehen werden, von der andere Eigenschaften abzuleiten sind. Frauen zu mögen, auch wenn dies nicht sexuell ist. Die Liebe zwischen Schwestern, wenn du so willst. Oder von Müttern und Töchtern, wenn du nach einer Entsprechung suchst. Die Liebe, die zum Arbeiten an einem gemeinsamen Ziel gehört, manchmal körperlich, manchmal weniger. Manchmal eine kurze Sympathie, manchmal eine Freundschaft, die Jahre hält und alle sexuellen Leidenschaften überdauert. Die Beziehung, die du mit einer Gruppe Frauen haben kannst, unabhängig davon, was du mit jeder allein hast. Sogar ganz allgemein eine große Liebe für Frauen, die bei den zurückgewonnenen Vorfahrinnen anfängt und bis zur Sorge für die Zukunft unserer Töchter reicht, egal wie religiös das auch klingen mag und durch wie viele Enttäuschungen und wieviel Streit sie auch gestört werden kann.

Aber wieviel von der Liebe für Frauen finden wir in der Frauenbewegung wieder? Und welchen Einfluß hat die Definition von ,,Lesbisch-Sein als sexuelle Beziehung'' auch auf die Spannungen zwischen Lesben und Heterofrauen.

11. Die Bewegung

Die Beziehung zwischen Heterofeministinnen und lesbischen Feministinnen in der Frauenbewegung war und ist eine selbstverständliche, aber zwangsläufig auch eine gespannte. Selbstverständlich, weil es ganz klar war, daß Lesben einen Teil der Avantgarde bilden würden, weil sie nun gerade dem Bild der befreiten, selbständigen Frau mit eigenen Einkünften am meisten entsprachen. Und sie besaßen ein Bewußtsein, in dem die Vorstellung, abzuweichen, zumindest teilweise verarbeitet war. Viele Frauen, die sich vom Feminismus angezogen fühlten, mußten diesen Schritt erst noch machen.

Aber die Spannung war auch schon da, von Anfang an. In der ,,Dollen Mina'', einer der ersten wichtigen feministischen Gruppen der neuen Welle der Frauenbewegung in den Niederlanden, war es sicher nicht sehr gern gesehen, mit deiner lesbischen Identität hausieren zu gehen. Wenn Frauen für Fernsehauftritte ausgesucht wurden, waren das bestimmt nicht zufällig die für heterosexuelle Augen attraktivsten: Die Angst, das Vorurteil, daß alle Feministinnen auch lesbisch seien, zu bestätigen, war zu mehreren Zeitpunkten ein Grund, die ,,lesbisch aussehenden'' Frauen etwas nach hinten zu schieben.

Spannungen entstanden auch, als Frauenhäuser und Frauencafés Treffpunkte für lesbische Frauen wurden, die dachten, daß sie damit endlich einmal einen Raum hätten, wo sie sich nicht einzuschränken brauchten, und heterosexuelle Frauen ängstlich auf diese ganze Intimität zwischen Frauen reagierten. Müssen sie das nun so öffentlich zeigen? Manchmal war es auch wirklich schwierig, Lösungen zu finden. Wie soll sich das Kollektiv eines Frauencafés verhalten, wenn es sich jahrelang darum bemüht hat, mit den Frauen aus der Nachbarschaft in Kontakt zu kommen und diese endlich einmal auf eine Tasse Kaffee hereinschauen (am Tag, abends würden ihre Männer das nicht gut finden). Es ist ein nettes Gespräch im Gange, und eine der Frauen erzählt gerade, daß es ihr doch viel besser gefällt, als sie dachte, daß sie sich vorgestellt hätte, nur Frauen anzutreffen, die sich aufführen, als seien sie Männer. In diesem Augenblick kommt ein Grüppchen militanter Lesben herein, die ihre Stiefel auf den Tisch legen, sich die Blusen aufknöpfen und einander fast in die Hosen kriechen. Die Frauen aus der Nachbarschaft verschwinden und, wie sich die Caféfrauen schon dachten, kommen nie wieder zurück. Dies ist zwar ein etwas anekdotisches und extremes Beispiel, aber in abgeschwächter Form ist es häufig so vorgekommen. Manchmal richtete sich die Aggression daraufhin gegen die lesbischen Frauen, die die Gefühle der neuen und noch ängstlichen Frauen hätten berücksichtigen müssen, manchmal richtete sie sich gegen die Frauen, die in den Augen der Lesben einen Kniefall vor dem Heterosexismus und dem Patriarchat machten.

Teilweise hat sich diese Situation gelöst, indem die Lesben, die es müde waren, zwischen dem Sexismus der Männer aus der Homobewegung und dem Heterosexismus der anderen Frauen aus der Frauenbewegung zu wählen, ihre eigenen Zeitungen, Cafés und Veranstaltungen machten und sich nicht mehr rechtfertigen oder Angst und Aggressionen berücksichtigen mußten.

Deutlich wurde damit in jedem Fall, daß lesbische Frauen eigenen Formen der Unterdrückung begegnen, auch innerhalb der Frauenbewegung, und daß es notwendig ist, sich auch allein zu organisieren. Viele lesbische Frauen zogen sich individuell ihre Verletzungen zu. Für viele Frauen war die Frauenbewegung ein Experimentierfeld, wo verschiedene Arten von Gefühlen für andere Frauen ausagiert werden konnten. Frauen, die bis dahin dachten, daß sie nicht lesbisch seien (als Definition von „richtig lesbisch" galt, wenn du zu einem bestimmten Zeitpunkt entdecktest, daß du es immer schon gewesen warst und nie etwas am Sex mit einem Mann hattest finden können), fanden heraus, daß sie auch liebe und erotische Gefühle für Frauen haben konnten. Neben den „alten" Lesben gab es nun die „Bewegungslesben". Verliebtheiten entstanden, aber auch Dramen. Was für die sogenannten „Alt"-Lesben, die jahrelang entweder isoliert gelebt oder zwischen der nach außen gezeigten Heterofassade und der verheimlichten Existenz in der Homosubkultur ein Doppelleben geführt hatten, wie ein Paradies hätte aussehen können, war gleichzeitig auch ein Minenfeld. Denn lange nicht alle Frauen, die sich in eine andere Frau verliebten, ließen für diese ihr früheres Leben sausen. Für einige Lesbierinnen, die sich von neuem an die zweite Stelle gesetzt fühlten, kam viel alter Schmerz mit nach oben: wie viele Lieben waren nicht schon an dem Druck von außen gescheitert. Manche Teile der Frauenbewegung wurden von den Folgen zerbrochener Beziehungen heimgesucht. Es sah so aus, als hätten wir nie gelernt, Beziehungen zu führen, noch wie wir sie ohne Schaden anzurichten wieder abbrechen konnten.

Aus diesen Erfahrungen heraus ist es verständlich, daß viele lesbische Frauen das Vertrauen in die Frauenbewegung verloren und sich abkapselten. Und natürlich zeigte das auch, was passieren mußte: Daß sich Gruppen von Frauen, die nicht nur als Frauen, sondern auch vom Alter, von der Klasse und Rasse her gesehen unterdrückt wurden, in eigenen Organisationen zusammenschließen mußten, um von dort, aus einer Position der Stärke anstatt aus einer Minderheit heraus, der dominanten Gruppe aufzuzeigen, was nicht in Ordnung ist. Die Vorteile zum Beispiel ins Bewußtsein zu bringen, die zu den heterosexuellen Privilegien oder einer Mittelschichtzugehörigkeit oder zu einer weißen Haut oder zu einem jungen Körper gehören.

13. Krach

Der Ort: ein Stadtteilzentrum. Der Dienstagabend für Frauen. Eingeladen ist eine feministische Theatergruppe, die Lesben-Theater aufführen will. Lieder, Sketche, vor allem an oder gegen heterosexuelle Frauen gerichtet. Warum gehst du noch mit deinem Unterdrücker ins Bett? Warum steckst du noch Energien in Männer? Eine der Darstellerinnen spielt mit einem angeklebten

66

Schnurrbart, hölzernen Bewegungen und einer Baßstimme den Mann: So Schätzchen (mit der Hand auf dem Hintern der Frau, die mit einem Schürzchen das Frauchen spielt), was essen wir heute?

Nach Ende der Vorstellung gibt es Krach. Die Version der Frauen, die sich als heterosexuell definieren: Das ist Lesbenterror. Als ob du keinen Mann mehr gernhaben dürftest. Als ob wir morgen alle lesbisch werden müßten. Die Version der Lesbengruppe: Da siehst du es ja mal wieder, Heterofrauen fühlen sich bedroht, wenn sie mit der lesbischen Alternative konfrontiert werden. Sie fühlen sich schuldig, weil sie immer noch Energie in Männer stekken. Sie haben Angst, die Anerkennung ihrer Männer und ihre sichere Existenz zu verlieren.

Die Heterofrauen: Kann ich vielleicht noch selber entscheiden, mit wem ich ins Bett gehe?

Die lesbischen Frauen: Deine Wahl ist nicht frei. Wir leben in einer Gesellschaft voller Heterozwang. Es ist eine Illusion, zu glauben, daß du deine heterosexuelle Beziehung verändern könntest.

Die Heterofrauen: Warum sollte ich keine Feministin sein, ohne gleichzeitig Männer zu hassen?

Die lesbischen Frauen: Da siehst du es mal wieder, du kannst mit Heterofrauen nie über Beziehungen mit Frauen reden, ohne daß sie von Männern anfangen.

Das Gespräch, das kaum ein Gespräch war, sondern eher der Austausch von vorprogrammierten Slogans, bricht ab. Beide Gruppen haben ihre Vorurteile bestätigt bekommen. Was von beiden Seiten als Versuch, sich näherzukommen, gedacht war, hat die Kluft nur noch verbreitert.

14. Abwehr

Handelt es sich wirklich um „Lesbenterror", um umgekehrte Unterdrückung, sind es jetzt die lesbischen Frauen, die in der Frauenbewegung den Heterofrauen auf dem Kopf herumtanzen?

So einfach ist es nicht.

In erster Linie nicht, weil Unterdrückung mehr ist, als sich gegenseitig schlecht zu behandeln. Zumindest in meiner Definition von Unterdrückung, bei der es sich um gesellschaftlich festgelegte Ungleichheit in der Gesetzgebung, in den ökonomischen Verhältnissen, in der Arbeitsteilung und in den herrschenden Ideologien handelt. Und außerhalb der Frauenbewegung sind es noch immer die heterosexuellen Frauen, die Privilegien haben, welche lesbische Frauen nicht besitzen. Wie sehr Heterofrauen, die sich vielleicht gerade als Frau als „unterdrückt" zu definieren gelernt haben, sich auch dagegen wehren mögen, sich als Heterosexuelle privilegiert zu definieren, wir kommen um diese Tatsache nicht herum. Heterofrauen haben die Möglichkeit, sich anzupassen, können den „Schutz" von Männern erhalten, auch wenn wir wissen, wie relativ dieses „Beschütztsein" aussehen kann, laufen weniger Gefahr, ihre Kinder zu verlieren oder entlassen zu werden, werden mehr respektiert. Im Vergleich dazu sind lesbische Frauen doppelt unterdrückt, nämlich als Lesbierin und als Frau. So hat beispielsweise eine Frau mit einer geringen Ausbildung, die sich dafür entscheidet, mit einer Freundin zusammenzuleben, wirtschaftlich gesehen eine schwierigere Existenz als eine Frau, die sich dafür entscheidet, mit einem Mann zusammenzuleben: Von einem Hilfsarbeiterinnenlohn kannst du kaum über die Runden kommen. Lesbischsein ist teuer. Außerdem müssen wir, wenn wir die Heterofrauen darüber klagen hören, daß sie in der Frauenbewegung von lesbischen Frauen unterdrückt werden, auch schauen, wieviel Projektion und Abwehr, wieviel Homophobie dabei zum Vorschein kommt. Gerade weil ich sowohl als Lesbe als auch Heterofrau angesehen wurde, kenne ich einige Unterschiede in den Reaktionen. Ich weiß noch, wie oft es, als ich als Lesbierin eingestuft wurde, vorkam, daß sich Frauen in meiner Gegenwart nicht trauten, über ihre Erfahrungen mit Männern zu sprechen, und wie oft sie glaubten, ich lehnte sie ab oder fände sie nicht feministisch genug, obwohl das gar nicht stimmte. Es gab auch Frauen, die mir später erzählten, daß sie sich immer gegen lesbische Frauen und mich abgegrenzt hatten, weil sie Angst gehabt hätten, den Konsequenzen ins Auge zu schauen, wenn sie sich wirklich für andere Frauen entscheiden würden. Eine Frau gab mir gegenüber später zu, nachdem sie geschieden war, endlich verstanden zu haben, wieviel von ihrer eigenen Angst sie in meine vermeintliche Ablehnung projiziert habe. Und bei anderen Frauen ging es nicht um die eigene Unterdrückung lesbischer Gefühle, sondern um das Schuldgefühl, das wir alle kennen, wenn wir mit der Unterdrückung anderer Menschen konfrontiert werden.

Viel der Unruhe und des Schuldgefühls von Heterofrauen wird zu Unrecht auf lesbische Frauen gerichtet. Aber das allein ist es nicht. Es ist zu einfach, bei jeder Heterofrau, die sich von Lesbengruppen und lesbischer Ideologie verletzt fühlt oder mit einzelnen Lesbierinnen Streit bekommt, zu sagen, daß sie projiziere, daß sie nur Angst habe, ihre eigenen lesbischen Gefühle zu erkennen, daß sie sich schuldig fühle oder noch nicht das richtige feministische Bewußtsein habe.

Ich erkenne bei einigen lesbischen Frauen und Gruppen die Tendenz, die in der Frauenbewegung bestehende Hierarchie auf den Kopf zu stellen statt diese abzuschaffen, und sehe jetzt, wie sie eine neue Rangordnung mit den Lesbierinnen an der Spitze aufbauen. Es ist für viele Heterofrauen beleidigend und unrichtig, zu behaupten, daß sie nur eine Beziehung mit einem Mann haben, weil sie sich nicht trauen, ihre Konditionierung abzulegen, weil sie sich nicht trauen, ihr „wahres Ich" zu sehen, weil sie nicht ohne die Anerkennung von Männern leben können. Um bei mir selbst zu bleiben, ich finde es beleidigend, und es trifft auch nicht zu, wenn angenommen wird, daß ich nur eine Beziehung mit einem Mann habe, weil ich nicht ohne die gesellschaftliche Anerkennung leben kann. Diese Anerkennung habe ich schon lange verloren, als jahrelange Feministin, und es ist auch keine Anerkennung, auf die ich Wert lege. Und das gilt für viele heterosexuelle Feministinnen aus meiner Umgebung. Außer daß ich die Abwehr heterosexueller Frauen erkenne, sehe ich auch, wo sie sich zu Recht darüber ärgern, wenn ihnen das Bild der ins Lächerliche gezogenen Heterobeziehung vorgehalten wird, das mir in den verschiedenen Lesbenkulturen immer noch mal begegnet. Ich denke, daß viele lesbische Frauen, die sich dafür entscheiden, nicht mehr mit Männern umzugehen und eigentlich auch nicht mehr mit Frauen, die in heterosexuellen Beziehungen leben, oft eine naive Vorstellung von dem haben, was dort passiert, und nicht wissen, wie viele Veränderungen schon stattgefunden haben, wie viele Frauen dabei sind, sich *neben* ihrer Beziehung zu einem Mann und manchmal sogar mit der wirklichen Unterstützung eines Mannes eine eigenständige Existenz aufzubauen.

Alle diese Frauen behaupten, daß sie es mit einer Ausnahme zu tun hätten, sagt eine lesbische Frau höhnisch, als sie mit dem Protest einer Heterofrau konfrontiert wird, die sich in der Karikatur der Heterobeziehung, wie diese im Lesbentheater dargestellt wurde, nicht wiedererkennen kann.

Dann gibt es sicher besonders viele Ausnahmen, sagt sie bissig. Und so ist es auch, wie ich meine. Obwohl wir, ohne viel nachdenken zu müssen, Männer zeigen können, die sich als alte Patriarchen aufführen, sind nicht alle Männer so. Und es gibt dann kaum einen Grund, anzunehmen, daß alle Feministinnen, die eine Beziehung mit einem Mann haben, dumm, masochistisch oder einfach noch nicht so weit sind.

Und ohne damit leugnen zu wollen, daß in lesbischen Beziehungen die Möglichkeit, eine Gleichwertigkeit aufzubauen, größer ist, weil hier von einer gesellschaftlich festgelegten Ungleichheit keine Rede sein kann, außer bei verschiedenen Klassenzugehörigkeiten, bedeutet das noch lange nicht, wie ich meine, daß *jede* Beziehung zwischen einem Mann und einer Frau *an sich* schon für Frauen unterdrückend ist. Wir sind als Menschen mehr als nur unsere gesellschaftlichen Positionen.

Ohne dabei verleugnen zu wollen, daß lesbische Frauen doppelt unterdrückt sind und Heterofrauen eine Anzahl von Privilegien besitzen, möchte ich mir auch einige ideologische Versatzstücke in der lesbischen Kultur anschauen, mit denen ich nicht einverstanden bin und von denen ich nicht glaube, daß sie befreiend sind, weder für lesbische Frauen noch für Frauen im allgemeinen.

15. Der Akku

„Ich stecke keine Energie mehr in Männer", ist eine der Äußerungen, die ich häufig in Artikeln aus der politischen Lesbenbewegung vorfinde und die zu einer Art Kürzel für eine ganze Ideologie geworden ist. Durch eine weitergehende ökonomische Selbständigkeit (unter anderem durch die Sozialhilfe, durch die es auch für viele Frauen, die keinen Beruf haben, möglich geworden ist, sich scheiden zu lassen) und durch eine Gegenkultur, die die Selbstverständlichkeit der heterosexuellen Partnerwahl in Frage stellt, ist es heute doch gerade eine der erkämpften Freiheiten von Frauen, selbst zu entscheiden, ob sie eine Beziehung mit einem Mann oder mit Männern eingehen wollen oder nicht. Aber der Slogan reicht noch weiter. Manche Frauen werfen es anderen Frauen vor, daß sie überhaupt Energie in Beziehungen mit Männern stecken.

„Viele Heterofrauen führen weiterhin individuell feministische Diskussionen mit Männern. Frauenkampf kann aber nicht individuell geführt werden. Es mag vielleicht so aussehen, als ob das Frauenfreundlich-„Machen" von Männern den Frauen Vorteile bringt ... Wir finden, daß es eher den Blick trübt, es hält Frauen in der Abhängigkeit von Männern. Gerade die frauenfreundlichen Männer holen sich weiterhin Unterstützung von Frauen, anstatt mit anderen Männern zusammen anti-sexistische Aktivitäten zu ergreifen. Frauen sollten gerade ihre Energie in ihr Selbst investieren, damit eine Frauenmacht entsteht, von der aus Forderungen gestellt werden können." So steht es in Katijf, einem niederländischen feministischen Blatt. Diese kleine Passage, die den Ton und die Denkweise einiger Lesbengruppen ziemlich gut kennzeichnet, enthält viele Unterstellungen. Hier wird von neuem zwischen dem Persönlichen und dem Politischen getrennt, indem unterstellt wird, daß nur der kollektive Kampf zu Veränderungen führen kann. Es wird davon ausgegangen, daß Frauen in Beziehungen mit Männern automatisch die Schwächeren und nicht in der Lage sind, Männer zu „führen". Es wird davon ausgegangen, daß Frauen im Kontakt zu Männern, die sich verändern oder feministisch denken, abhängig werden. Es wird davon ausgegangen, daß jede Form der Unterstützung von Männern dazu führt, daß sie nicht mit anderen Männern zusammen politische Aktionen durchführen werden. Wie kämpferisch das auch klingen mag, es ist meiner Meinung nach doch ein Beispiel für verinnerlichte Unterdrückung, es ist das Unvermögen, sich Frauen in Männerbeziehungen nicht anders als als Opfer vorstellen zu können. Aber das Interessanteste ist, wie ich meine, die Vorstellung von „verlorener" Energie, wenn du sie in einen Mann steckst. Daß du sie lieber für dich selbst behalten oder in andere Frauen investieren sollst. Dieses Denken kann sogar so weit führen, daß Frauen sich weigern, mit heterosexuellen Frauen zusammenzuarbeiten, denn wie mir einmal eine Frau sagte: Dann stecke ich meine Energie in sie und sie steckt die abends wieder in einen Mann, und so bin ich doch dabei, eine heterosexuelle Beziehung zu unterstützen.

Was jetzt? Sind wir wirklich die Akkus, die im Kontakt mit einem Mann automatisch leerlaufen und bei einer Frau aufladen? Gibt es eine bestimmte Energiemenge, mit der wir sehr sparsam umgehen müßten, weil sie knapp werden kann? Ist es automatisch so, daß ich mehr Energie übrig habe, die ich in mich selbst investieren kann, wenn ich nicht mit Männern verkehre? Woher kommt diese Vorstellung einer „Energieverschwendung"?

16. Energiehaushalt

Einen der Ursprünge dieser Denkweise kenne ich schon: ich war selbst dabei. In den ersten Gesprächsgruppen entdeckten wir: Unterdrückung bedeutet nicht nur, daß wir von politisch einflußreichen Positionen ausgeschlossen waren und für die gleiche Arbeit weniger Geld bekamen, sondern auch, daß wir als Frauen in heterosexuellen Beziehungen den größeren Teil der Beziehungsarbeit machten, damit sie gut blieb. Die meisten von uns, die mit einem Mann zusammenlebten oder mit einem eine Beziehung hatten, fühlten sich dafür verantwortlich, daß er glücklich, sexuell befriedigt, mit sich selbst zufrieden, versorgt war. Wir nannten es das Aufbauen des männlichen Egos. Umgekehrt stellten wir fest, daß er sich viel weniger Arbeit machte, sich sehr viel weniger darum kümmerte, ob wir uns glücklich fühlten; wenn wir depressiv waren, waren wir auch dafür verantwortlich. Eines unserer früheren Ärgernisse also, daß wir in heterosexuellen Beziehungen mehr Energie als Männer verloren und sahen, wie die meiste Energie, die Sorge für ihn, die Energie, die wir dafür brauchten, uns selbst klein zu machen, damit er sich gut fühlte, auch dazu diente, daß diese Männer in der Außenwelt, in der Hierarchie der Männer untereinander weiter funktionieren konnten.

Wir reagierten unterschiedlich auf diese Entdeckung. Manche Frauen brachen ihre Beziehungen mit Männern ab, entweder ganz oder mit dem Gedanken, daß es zeitlich begrenzt sein würde. Andere versuchten, die Machtungleichheit und die Ungleichheit in der emotionalen Investition in ihren Beziehungen zu verändern. Manche dieser Beziehungen überlebten das nicht. Auch Männer, die vom Verstand her wirklich hinter der „Emanzipation" ihrer Frauen standen, konnten es manchmal emotional nicht verarbeiten, daß ihre Frauen eigene Wege gingen, und fühlten sich verlassen. Manche Männer fühlten sich falsch verstanden, als die ganze aufgestaute Wut der Frauen herausbrach und sich auch über ihre Köpfe ergoß. Aber einige Beziehungen veränderten sich mit der Zeit auch und wurden davon bestimmt nicht immer schlechter.

Aber ich merkte auch, daß die Frauen darüber nicht leicht redeten. Die Geschichte der Frauenbewegung ist eine dialektische. Eine „Umwertung aller Werte". Viele Werte werden umgedreht — und mit Recht. Aber manchmal führt dies zu neuen Dogmen. War es einmal die Norm, dich als Frau vollständig für eine Heirat einzusetzen, so wurde nun in Teilen der Frauenbewegung das Umgekehrte zur Norm. Und auch wenn es keine Direktorin gab, die die Entscheidungen traf und auch keinen Parteikongreß, der die Regeln festsetzte, an die sich jede zu halten hat, zeigte sich dennoch so etwas wie eine Gegenideologie, bei der sich mehr oder weniger alle einig waren, daß sie zu einem der zentralen Lehrstücke der Frauenbefreiung gehörte. Manche meinten, daß ihre Beziehung mit einem Mann gut sei, nicht nur für ihn unterstützend, sondern auch für sie, und fingen an, sich wie eine Minderheit zu fühlen. Nun ist es sicher auch lehrreich, einmal in einer Minderheitsstellung zu sein, wenn du immer ganz selbstverständlich in einer ziemlich bequemen Mehrheitsposition gesessen hast, denn dann weißt du auch mal, wie das ist. Aber ein Teil dieses Druckes, der immer auf lesbische Frauen ausgeübt wurde, wurde jetzt auf die heterosexuellen Frauen gerichtet. Jetzt waren sie es, die zweifelten, ob an ihnen irgend etwas nicht stimmte, oder sich überlegten, lieber rede ich erst gar nicht mit anderen darüber, wie sehr ich ihn mag und bestimmt nicht über die Schwierigkeiten, die ich mit ihm habe, denn dann sagen sie, siehst du wohl, und das haben wir dir doch gesagt, vergiß ihn einfach. Jetzt fingen sie an, sich anormal zu fühlen.

Hiermit will ich nun nicht sagen, daß sich die Machtverhältnisse umgekehrt haben und es jetzt die lesbischen Frauen sind, die die Heterofrauen in der Frauenbewegung unterdrücken. Da es mir in meiner Definition, wie gesagt, noch immer um ein gesellschaftliches System geht, können wir sicher darüber nachdenken, ob es der Frauenbewegung als ganze und den lesbischen Frauen als Gruppe weiterhilft, wenn wir heterosexuellen Frauen unsere Unterstützung entziehen. Ich denke nein.

17. Der feministische Nachlaß

Eine der Errungenschaften der ersten Gesprächsgruppen bestand darin, daß wir die Erfahrungen über unsere verschiedenen Leben austauschten und uns gegenseitig akzeptierten. Gerade weil wir erkannten, wie wir früher gegeneinander ausgespielt worden waren und dabei auch aktiv mitgemischt haben, wollten wir jetzt den Freiraum haben, Vorurteile und Hierarchien abzubauen. Wie sich nämlich herausstellte, hatten die „freien Frauen", die unverheirateten, viele Vorurteile gegen verheiratete und umgekehrt. Schließlich zeigte sich, daß beide Gruppen ihren eigenen Preis bezahlten, die eine für ihre „Freiheit", die andere für ihre „Geborgenheit". Dasselbe galt für Mütter und Nicht-Mütter. Viele Frauen hatten sich zwar für Kinder entschieden, aber bezahlten dafür auch einen hohen Preis. Andere Frauen hatten sich wegen dieses hohen Preises „entschieden", keine Kinder zu bekommen, obwohl sie das unter anderen Umständen vielleicht gewollt hätten.

Mein wichtigstes Fazit aus dieser Zeit: wie wichtig es ist, daß wir uns weiterhin zuhören und nicht zu schnell urteilen. Wir alle werden von der Gesellschaft schon genug unterdrückt, so daß wir uns gegenseitig das Leben nicht noch schwerer machen sollten. Aber noch wichtiger als das ist es, wie ich meine, eine Atmosphäre aufrecht zu erhalten, in der wir ohne Urteile unsere Erlebnisse weiter untersuchen können. Dies hat mir immer die meisten Einblicke darin verschafft, wie Unterdrückung, wie Sozialisation funktionieren, wie Klassenzugehörigkeiten sich weiter auf unsere Unterschiede auswirken usw.

Voreingenommene Standpunkte eignen sich ausgezeichnet für die Aktion nach außen. Aber zur Ideologie verkehrte Urteile darüber, ob einzelne Frauen ihr persönliches Leben nun feministisch konsequent genug einrichten, zerstört das Klima, das wir brauchen, um weiter nachdenken und untersuchen zu können. Mit Bedauern sehe ich manchmal, wie die Analyse der Frauenunterdrückung, an der ich selbst mitgearbeitet habe, nicht nur dazu benutzt wird, die Welt zu verändern, sondern auch dazu, zwischen Frauen eine Hierarchie zu errichten, wer nun feministischer ist, wer „weiter" ist. Eine Form von „teile und herrsche", für die wir diesmal kein Patriarchat brauchen. Denn wenn es keine Männer gibt, die uns schlagen, schlagen wir einander. Wenn ich selbst auf meine Lebensgeschichte zurückblicke, sehe ich, wie auch ich Gefühl in Ideologie umgesetzt habe. Meine Freundin ließ mich sitzen, als die Spannungen zwischen mir und ihrem Mann so groß wurden, daß sie nicht mehr aufzulösen waren. Offensichtlich waren meine Erwartungen an sie sehr viel größer gewesen, als die, die ich jemals in bezug auf Männer gehabt habe. Mir war, als würde mir der Boden unter meinen Füßen weggezogen: Wenn mich auch Frauen im Stich lassen, schien mir eigentlich gar nichts mehr der Mühe wert. Unter der Verzweiflung von damals verbarg sich noch eine tiefere Schicht. Denn egal, wieviel Schmerz ich auch beim Abbrechen der Beziehungen zu Männern erfahren hatte, hier schwang etwas mit, daß ich kaum in Worten ausdrücken konnte. Der Verlust meiner ersten Liebe, ein primäres Gefühl des Verlassenwerdens. Das war

sehr viel auf einmal. Mein Selbstwertgefühl war ordentlich ange-
knackst.

Ich machte etwas, das ich viele Frauen habe tun sehen: Ich
übersetzte mein Leid und meine Wut in Ideologie, um sie besser
ertragen zu können. Ich sagte: Sie entscheidet sich nicht für ihn,
aber sie entscheidet sich für ein sicheres Leben, für die Anerkennung von der Außenwelt, für ein beschützteres Leben, das ich ihr
nicht bieten kann. Damit war mein Leid zwar noch immer eine
Tragödie, aber eine, die ich mit anderen lesbischen Frauen teilte.
Eine Tragödie mit Geschichte. Eine Tragödie, die außerdem mein
Selbstwertgefühl intakt ließ. Denn so brauchte ich nicht zu denken, daß sie mir eine andere Person vorzog. Sie entschied, beziehungsweise wurde gezwungen, sich für die heterosexuelle Institution zu entscheiden. Einmal, hoffte ich heimlich, würde sie schon
selbst erkennen, was sie aus Feigheit hat sausen lassen.

Als wir uns ungefähr drei Jahre später wieder aufsuchten — sie
war inzwischen geschieden —, hatte ich eigentlich kaum ein Gefühl von Triumph. Ich war froh, daß sie wieder da war. Aber ich
konnte es nicht mehr auf eine Überwindung des Patriarchats ver-
kürzen, die andere Frauen manchmal da herauslesen wollten, mit
der ganzen Hoffnung anderer lesbischer Frauen, die auch ihre
Freundinnen verloren hatten. Unsere Beziehung war nicht das lesbische Märchen, wie sich zeigte. Fünf Jahre lang waren wir wieder
Freundinnen, bis wir beide, zuerst ich, dann sie, eine andere Beziehung eingingen. Ein Jahr danach gingen wir auseinander. Nicht
wegen der Männer, sondern wegen zu stark hervortretender Unterschiede.

Warum ich diese Geschichte erzähle? Nicht weil meine Biographie
nun so sehr viel außergewöhnlicher wäre als die irgendeiner will-
kürlich herausgegriffenen Frau. Nicht um mich zu rechtfertigen.
Wenn ich etwas aus der Frauenbewegung gelernt habe, dann: auf-
zuhören, um Erlaubnis zu bitten oder Anerkennung für meine Beziehungen haben zu wollen, auch von der Frauenbewegung nicht.
An meiner eigenen Geschichte interessiert mich mein Versuch,
das Leid von damals direkt in Ideologie zu übersetzen, um mich
gefühlsmäßig zu retten. Und das sehe ich auch andere Frauen machen.

18. Männerhaß

Und dann gibt es da noch ein Stückchen Ideologie aus einem Teil der lesbischen Bewegung, über das ich sprechen möchte. Antifeministen gehen davon aus, manchmal unbewußt, daß Frauen und Männer zwei sich gegenüberstehende Parteien sind. Das äußert sich zum Beispiel darin, daß du, wenn du über Frauen schreibst, über die Freundschaften und Liebe und andere Beziehungen zwischen ihnen, als ,Männerhasserin' etikettiert wirst. Wenn du für Frauen bist, bist du also gegen Männer, das ist die simple Argumentation. Aber diese Argumentation treffe ich auch in der Frauenbewegung an, wenn nämlich davon ausgegangen wird, daß du als Lesbierin *demnach* Männer haßt. Ich begegne ihr zum Beispiel in dem Artikel ,,Schwesternstreit'' von Monika Jaeckel. Wenn Männerhaß als ein Synonym für Frauenliebe gesehen wird, schließt es mich aus. Und mit mir andere Frauen, die Frauen mögen und vielleicht sogar noch nicht einmal eine Beziehung mit einem Mann haben, was noch nicht bedeutet, daß sie Männer hassen.

Meine Liebe für Frauen ist autonom, unabhängig von meinen Gefühlen für Männer. Das ist für mich der Gewinn meiner feministischen Bewußtwerdung. Ich hasse Männerherrschaft. Aber alle Männer als *Männer* zu hassen, würde bedeuten, daß ich mich damit abfinde, daß wir willenlos einem unterdrückenden System ausgeliefert oder Männer von Natur aus, biologisch festgelegt, Unterdrücker sind. Wer dem zustimmt, gibt in Wirklichkeit unseren alten Widersachern recht, die behaupten, daß die Machtverhältnisse zwischen Männern und Frauen unveränderbar, von Gott gegeben oder in unseren Hormonen oder Chromosomen oder Genen verankert sind, auch wenn die Bewertung dieser Machtverhältnisse umgekehrt ist. (Jetzt werden Frauen als die Überlegeneren gesehen, während unsere Gegner behaupten, daß Frauen minderwertig sind.) Alle Männer zu hassen, ist für mich dasselbe, wie den Patienten umzubringen, weil du die Krankheit bekämpfen willst.

19. Schlußfolgerungen

Ich glaube nicht, daß die Unterschiede verschwinden, indem wir sie leugnen. Wie groß mein Bedürfnis auch sein mag, als Feministin Frauen als Einheit zu sehen, so zu tun, als hätten wir keine schmerzliche Geschichte miteinander und neben unserer gemeinsamen Stellung als Frau nicht auch einige Unterschiede, ändert nichts.

Aber ich denke schon, daß wir einiges tun können, um diese Kluft zu überbrücken.

Erstens glaube ich, daß es wichtig ist, *alle* Beziehungen zwischen Frauen als wichtig anzusehen und nicht nur die sexuellen Beziehungen als *das* Kriterium für Frauenliebe zu sehen. Ich leugne hiermit nicht die Wichtigkeit der primären, sexuellen Zweierbeziehung, damit würde ich einen Teil meines eigenen Lebens verleugnen. In meinem Leben sind sexuelle Liebesbeziehungen wichtig gewesen, und sie sind es noch immer. Ich plädiere hier auch nicht für ein „Entsexualisieren" der Liebe zwischen Frauen, so als sollten wir alle wieder in die Zeit Königin Viktorias zurück. Aber ich möchte, daß wir stärker die Frauenliebe in allen ihren Formen wahrnehmen, die zwischen Schwestern, Freundinnen oder Kameradinnen. Und daß wir Lesbischsein nicht nur gegen die Heterosexualität abgrenzen oder diese nur als ihr Spiegelbild betrachten, sondern uns auch den Zusammenhang zwischen Homosexualität und Homosozialität und die ganze Skala der Beziehungen untereinander anschauen. Ohne damit zu leugnen, daß es in dieser Gesellschaft natürlich einen Unterschied macht, ob du ein primäres Liebesverhältnis mit einem Mann oder einer Frau hast, können wir auch sehen, wieviel Freundschaften uns als Frauen verbinden.

Zweitens glaube ich, daß heterosexuelle Frauen noch eine ganze Menge zu tun haben. Die praktische Solidarität der Heterofrauen mit den lesbischen Frauen ist in der Geschichte unserer Frauenbewegung nicht immer überragend gewesen. Zum Beispiel wurde es selbstverständlicher gefunden, daß lesbische Frauen sich an den Demonstrationen gegen das Abtreibungsverbot beteiligten, als daß Heterofrauen sich an Lesbendemonstrationen beteiligten. Als sei das eine Recht auf Selbstbestimmung über unser Leben und unseren Körper, also das Recht auf Abtreibung eine allgemeine Sache und das andere Recht auf Selbstbestimmung über deinen eigenen Körper und dein eigenes Leben, also das Recht auf ein freies lesbisches Leben, nur eine Sache der lesbischen Frauen.

Ich glaube, daß sich diese praktische Solidarität in vielen Punkten äußern könnte: Daß zum Beispiel die Mütter unter uns in den Schulen fragen, ob es als Vorbild für unsere Kinder auch lesbische Lehrkräfte gibt, oder daß du es nicht sofort empört abstreitest, wenn du als Feministin „beschuldigt" wirst, lesbisch zu sein.

Das Sichtbarmachen einer lesbischen Alternative und der Beziehungen zwischen Frauen brauchen wir nicht nur den lesbischen Frauen zu überlassen. Heterofrauen könnten an ihrer Angst vor dem Lesbischsein oder ihrer Angst davor, als lesbisch angesehen zu werden, arbeiten, denn das ist beleidigend für alle Frauen. Sogar jetzt, da ich eine Beziehung mit einem Mann habe, stört es mich, wenn alle Leute automatisch annehmen, daß ich andere Frauen nicht anziehend genug finde oder meine, es lohne sich nicht, mit ihnen eine Beziehung zu haben. Eine heterosexuelle Frau, die ich kenne, lief eine Woche lang mit einem rosa Winkel herum, um festzustellen, wie die Umwelt auf sie reagiert, und um vor allem auch zu sehen, wann sie selber ängstlich werden würde. Wer so etwas macht, weiß sofort, was mit lesbischer Unterdrückung gemeint ist.

Aber auch die lesbischen Frauen haben neben dem Schaffen einer eigenen Kultur, eigener Kampfmethoden und einem autonomen Leben noch etwas zu tun. Sich zum Beispiel zu trauen, die eigenen Dogmen und die verfestigten Anschauungen unter die Lupe zu nehmen, die nicht mehr stimmen und die Zusammenarbeit zwischen Lesben und Heterofrauen nur behindern.

Einfach ist das, was ich möchte, nicht. Ich denke auch nicht, daß wir einander morgen weinend vor Rührung in die Arme fallen und dann glücklich und friedlich weiter zusammenleben werden. Dafür ist die Geschichte, die wir miteinander haben, zu kompliziert, dafür gehen unsere unterschiedlichen Stellungen, die wir haben, und die Wahlen, die wir treffen, zu weit auseinander. Aber hier und da sehe ich Ansätze bei lesbischen Frauen, die sich nach so vielen Jahren so stark fühlen, daß sie es nicht mehr nötig finden, sich gegen Heterofrauen zu wehren, und bei Heterofrauen beobachte ich, daß ihre Frauenfreundschaften für sie so wichtig sind, daß sie sie nicht mehr für Männer aufzugeben bereit sind, daß Heterofrauen nicht mehr aus einem Schuldgefühl heraus reagieren, daß sie sich trauen, ihre Beziehungen offenzulegen.

Wir arbeiten auf ein Zusammenleben hin, in dem Frauen nicht mehr unterdrückt und Frauen, die sich selbst als lesbisch identifizieren, nicht mehr doppelt unterdrückt werden. Solange wir das noch nicht erreicht haben, werden wir das Etikett „lesbisch" brauchen und zwar gegen den Druck des Heterosexismus, auch wenn viele Frauen sich mit diesen entweder von außen oder von der Frauenbewegung geschaffenen Definitionen und Identitäten nicht wohl fühlen. Eines Tages werden wir alle diese Etiketten beiseite legen können. Solange das nicht so ist, haben alle Frauen noch alle Hände voll zu tun, egal ob sie nun he, ho, bi, asexuell oder verrückt nach Katzen sind.

PRIVAT-MÜTTER UND ÖFFENTLICHE MÜTTER

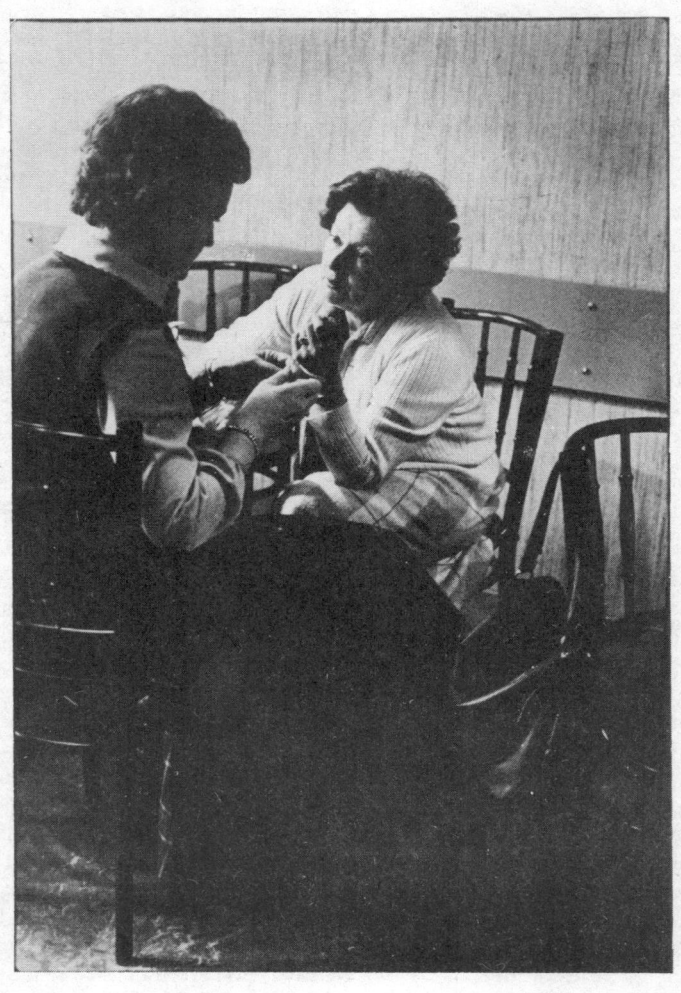

Fünf Jahre „Frauen und Sozialarbeit":
Eine Berufsfortbildung für Sozialpädagoginnen mit Berufspraxis

Fünf Jahre ist es jetzt schon her, daß am IVABO (eins der vier Institute für die berufliche Erwachsenenbildung) mit Frauengruppen gearbeitet wird. Es kann somit kaum noch alternativ und sicher auch nicht mehr experimentell genannt werden. Die Frauengruppen haben großen Zulauf. Trotz eines verdoppelten Angebots sind die Wartelisten für keine andere Gruppe so lang. Zum Teil ist der große Zulauf aus dem ganzen Land darauf zurückzuführen, daß die drei anderen Institute noch kein vollständiges Frauenprogramm anbieten. (Obwohl auch dort deutlich mehr in Richtung Frauenarbeit getan wird.)

Zu Beginn glaubten wir, es mit einem Nachholbedürfnis zu tun zu haben, da die Fortbildungen den Entwicklungen im Praxisfeld immer um einige Jahre nachhinken. Viele der Frauen, die jetzt eine Berufsfortbildung beginnen, wären ohne das Angebot an Frauengruppen nicht auf diese Idee gekommen. Aber es zeichnet sich nicht ab, daß der Zulauf nach der ersten Welle abebbt. Im Gegenteil, mit der schnellen Ausbreitung der auf Frauen ausgerichteten Arbeit in der Praxis wächst auch das Bedürfnis nach einer darauf abgestimmten Fortbildung.

In den ersten Jahren hatten wir vor allem das Bedürfnis, in Ruhe arbeiten zu können, entsprechende Arbeitsformen zu entwickeln, zu experimentieren. Viele dieser Entwicklungen waren in den ersten Jahren schwer zu benennen. Es ist nicht so einfach, zu erklären, was anders, ungewöhnlich an der Arbeit in einer Frauengruppe ist, ohne dabei in einen schwammigen Sprachgebrauch zu geraten. Aber die Fragen nach dem, was wir nun eigentlich tun, bleiben, und es wird Zeit, auf sie einzugehen.

Die Studentinnen der Frauengruppen werden damit konfrontiert, daß sie bei der Anmeldung erklären müssen, warum sie eine Frauenfortbildung beginnen wollen. Die anderen Berufsfortbildungsinstitute, die von innen und außen unter Druck geraten, ihre Fortbildungen der Frauenarbeit anzupassen, werden neugierig. Aber auch für uns selbst ist es nützlich, unsere Ergebnisse zu ordnen. Momentan existiert ein starkes Interesse am „Erfahrungslernen", und es lohnt sich die Betrachtung, inwiefern damit nicht allein auf dem Gebiet der Bildungsarbeit oder des Unterrichts, sondern auch im Rahmen einer Berufsfortbildung gearbeitet werden kann. Die Frauenarbeit am IVABO ist ein Beispiel für den jahrelangen intensiven Aufbau eines Unterrichtsmodells, eines Modells, das vielleicht nicht nur für Frauen nützliche Seiten hat.

Es gibt viele Mißverständnisse und Vorurteile, wenn es um die Frauenarbeit geht. Noch immer werden Frauen, die sich aus freien Stücken zur beruflichen Weiterbildung im Rahmen einer Frauengruppe entschließen, mit Reaktionen konfrontiert, die zwischen spöttischem Grinsen und einer unter „rationalen" Argumenten versteckten Aggression und Voreingenommenheit liegen. Zumindest können sie mit Fragen rechnen wie: Wozu ist es nötig, sich „nur" mit Frauen zusammenzusetzen? Wie lange dauert diese „Phase"? Kannst du, wenn du an der Frauenfortbildung teilgenommen hast, überhaupt noch einen „normalen" Beruf ausüben? Sind dir auch die Grundkenntnisse vermittelt worden? Kannst du mit dem Frauenfortbildungsdiplom Supervision geben, Dozentin werden, gemischte Gruppen leiten?

Wir begegnen zwei verschiedenen Sichtweisen der Frauenarbeit: a. Die Frauenarbeit ist eine andere Methodik und somit neben Stadtteilarbeit, Sozialarbeit, Bildungsarbeit, Planungsarbeit, Therapie etc. anzusiedeln; oder b. es geht um die gleiche Methodik, nur mit dem Unterschied, daß es sich dabei um reine Frauengruppen handelt statt allgemeine gemischte Gruppen oder Randgruppen, Jugendliche, Ausländer usw. Keine dieser beiden Sichtweisen stimmt mit der Wirklichkeit überein.

Die Frage, worum es sich dabei wirklich handelt, versuche ich in dem folgenden Artikel zu beantworten. Zuvor möchte ich darüber informieren, wie die Frauenarbeit am IVABO entstanden ist, welchen Platz sie einnimmt, und dann mehr über Ausgangspunkte und Arbeitsweisen sagen.

Der Anfang: Die politischen Ausgangspunkte

Vor fünf Jahren kam es am IVABO zu heftigen Auseinandersetzungen. Innerhalb einer immer größer werdenden Dozentenschaft begannen sich unterschiedliche Unterrichtsphilosophien herauszubilden. Das führte schließlich zu einer Spaltung in drei Teams mit drei eigenen Unterrichtsangeboten und den dazugehörenden, mehr oder weniger expliziten „politischen" Anschauungen. Das

Unterrichtsteam bildet hauptsächlich zum Supervisor und Dozenten aus, das Therapieteam arbeitet von einer überwiegend hilfeleistenden und therapeutischen Warte aus. Die politische Haltung des Zielgruppenteams, unter das die Frauengruppen fallen, ist aus einer Unzufriedenheit mit den bestehenden Disziplinen heraus entstanden und zwar hauptsächlich aus der Unzufriedenheit mit den Ausbildungen, die von einer bestimmten Einteilung ausgehen: Arbeit am Individuum oder gesellschaftsverändernde Arbeit. Kurz gesagt, läuft unsere Auffassung darauf hinaus, daß wir nicht länger unsere Klientel nach den Methodiken, die wir zur Verfügung haben, suchen wollen, sondern Methodiken für die Probleme der Klient/inn/en(gruppen), für die wir uns entscheiden, entwickeln wollen. Bei vielen Arbeitsweisen, zum Beispiel in der Familientherapie oder der Bildungsarbeit, wird von bestimmten Kenntnissen ausgegangen und dann erst nach den Menschen gesucht, denen diese Kenntnisse etwas nützen könnten. Gleichzeitig existiert ein verständliches Bestreben, bei der Klientel vor allem die Probleme zu sehen, die wir mit der Methodik, die wir in den Händen haben, „behandeln" können. Um es um der Klarheit willen etwas überspitzt auszudrücken: Bei ein und derselben „Problemfamilie" werden verschiedene Sozialarbeiter/innen unterschiedliche Probleme wahrnehmen: Stadtteilarbeiter/innen werden vielleicht sagen, angesichts der schlechten Wohnsituation, der mangelhaften Infrastruktur des Stadtteils und der verstopften Kanäle bei der Mitbestimmung, die Veränderungen unmöglich machen, sei es kein Wunder, daß diese Familie Schwierigkeiten hat. Familientherapeut/inn/en werden vielleicht gerade die mangelnde Kommunikation der Familienmitglieder untereinander erkennen.

Wir haben die Erfahrung gemacht, daß durch die Aufspaltung der Disziplinen ganze Gruppen von Menschen durch das Raster fallen. Auf jeden Fall wird zwischen den individuellen Problemen der Menschen und den gesellschaftlichen Problemen ihrer Schichtzugehörigkeit kaum ein Zusammenhang hergestellt. In Wirklichkeit sind persönliche und politische Probleme nicht voneinander zu trennen, sie dürften es also in der Herangehensweise der Erziehungsarbeit auch nicht sein. Im Zielgruppenteam haben wir den Spieß deshalb umgedreht: Anstatt uns für verschiedene Unterrichtsgruppen, für Erziehungsarbeit, Kulturarbeit oder Gesellschaftsarbeit zu entscheiden, entscheiden wir uns in erster Linie für bestimmte Gruppen in dieser Gesellschaft, die eine bestimmte gesellschaftliche Stellung miteinander teilen und infolgedessen auch viele Probleme gemeinsam haben, und versuchen Methoden zu entwickeln, mit denen wir diese Probleme beheben können. Augenblicklich gibt es folgende Gruppen: Frauen, Stadtteilbewohner/innen, Menschen in ihrer Arbeitssituation, Surinamer/innen und Antillianer/innen. Daneben arbeiten wir auch mit einer Gruppe „Beruf Sozialarbeiter/in", in der die Sozialarbeiter/innen selbst als Gruppe von Menschen mit einer eigenen gesellschaftlichen Stellung betrachtet werden. In diesen Unterrichtsgruppen arbeiten wir bewußt mit Student/inn/en aus den verschiedenen Disziplinen. Dieses Zielgruppenkonzept basiert auf dem Gedanken, als Sozialarbeiter/innen so stark wie möglich von der Selbsthilfe dieser Gruppen auszugehen. Damit möchten wir erreichen, daß das „Objekt" und das „Subjekt" unserer Bemühungen so dicht wie möglich beieinander liegen. Konkret: wir gehen von einem Modell aus, bei dem Sozialarbeiter/innen und Klientel, aber auch Dozent/inn/en, derselben gesellschaftlichen Gruppierung angehören und somit zum Teil dieselben Probleme haben. Die Gruppe der Surinamer/innen und Antillianer/innen besteht nur aus farbigen Menschen, die Begleiter/innen dieser Gruppen ebenfalls. Die Gruppe „Frauen und Sozialarbeit" (der Einfachheit halber im folgenden Frauengruppe genannt) läßt nur Frauen zu und wird ausschließlich von Frauen geleitet. In anderen Gruppen ist dieses Modell weniger deutlich, weil es sich eher auf die Kategorie Mensch bezieht und nicht auf Farbige oder Frauen. Aber auch in der Stadtteilgruppe gilt zum Beispiel, daß die Sozialarbeiter/innen nicht nur als Sozialarbeiter/innen angesprochen werden, und in der Gruppe „Menschen in Institutionen" wird sowohl von Student/inn/en als auch von den Leiter/inne/n erwartet, daß sie irgendeine Beziehung zu dem Phänomen „Irrsinn" haben und sich jedenfalls nicht automatisch den „Normalen" (sofern es die überhaupt gibt) zurechnen.

Mit dieser Philosophie schließen wir bei den Entwicklungen „im Feld" an. Durch die Entstehung neuer Arbeitsformen wie des Frauennotrufs, der Feministischen Übungsgruppen in der Radikal-Therapie (FORT), der Vido-Frauen (Frauen im Übergang), der Häuser für geschlagene Frauen als Auffangstellen für mißhandelte Frauen und einer ganzen Reihe weiterer Selbsthilfegruppen ist von der Frauenbewegung aus ganz unbestritten ein verändernder Einfluß auf die Praxis der Sozialarbeit ausgegangen. Aber auch innerhalb der etablierten Arbeit passiert augenblicklich viel, auch „von innen" wird an den Grenzen der Disziplinen gerüttelt.

Unterrichtsinstitute arbeiten stärker in Richtung Bildungsarbeit, in der Sozialarbeit wird anstelle der Gewährung individueller Hilfe stärker mit Selbsthilfegruppen gearbeitet. Einige Ausgangspunkte, so zum Beispiel, daß es besser ist, Frauen von Frauen begleiten zu lassen, werden übernommen.

Vor fünf Jahren war es an der Zeit, daß diese Entwicklungen einen Einfluß auf die Fortbildungen haben mußten. Für mich selbst bahnte sich die Entwicklung in Richtung „Frauen und Sozialarbeit" an, als ich als freie Dozentin in einer gemischten Gruppe arbeitete, die sich mit Menschen in ihrer Familien- und Ehesituation beschäftigte. Dabei trat allmählich zutage, daß jede Ehe in Wirklichkeit aus zwei Ehen besteht, seiner und ihrer, und Eheprobleme nicht automatisch gemeinsame Probleme beider Ehepartner sind, sondern bedingt durch deren unterschiedliche Stellung unterschiedlich aussehen können. Zum Beispiel Probleme, die *sie* in der Ehe erlebt und mit der Isolierung, der ökonomischen Abhängigkeit und der Unsichtbarkeit ihrer Arbeit zu tun haben, die für ihre Position als Hausfrau spezifisch sind, während *er* sein Magengeschwür vielleicht nicht nur den Streitereien untereinander zu verdanken hat, sondern auch dem gesellschaftlichen Druck seiner Stellung als Ernährer und dem unmenschlichen Druck in seinem Betrieb, für den er zu Hause entschädigt werden will.

In dieser Gruppe wurde deutlich, daß die Sozialarbeiter, egal ob Mann oder Frau, unentrinnbar ihren Rollen zugehörigen gesellschaftlichen Stellungen, Anschauungen, Erfahrungen und Loyalitäten verhaftet sind und nicht *außerhalb* der Eheprobleme ihrer Klientel standen. Anstelle einer Scheinobjektivität hielten wir eine klare Subjektivität für ehrlicher und funktioneller. Und so wurde zum ersten Mal ein Teil der Zeit in einer Männer- und in einer Frauenuntergruppe gearbeitet, und es zeigte sich, daß das Vergleichen der unterschiedlichen Sichtweisen interessanter war, als die stark verschleiernden, gemeinsamen Diskussionen.

Diese Erfahrung war für mich ein guter Anfang, weiter über Frauen als Untergruppen nachzudenken. Außerhalb der Fortbildungen wurde damit schon im großen Stil gearbeitet, warum nicht auch innerhalb der Fortbildung?

Die Männerfrage

Im ersten Jahr, in dem Rita Velthorst und ich für eine Frauengruppe warben, trauten wir uns noch nicht, zu sagen, daß diese Gruppe nur für Frauen bestimmt war. Ich mußte mich zu diesem Zeitpunkt auf jeden Fall etwas zurückhalten, um nach mehreren Entlassungen und heftigen Auseinandersetzungen in alten Arbeitsverhältnissen hier in meiner neuen Stellung nicht gleich wieder mit dem Messer in der Hand herumzulaufen. Und ich war auch unsicher, ob es sich als funktionell erweisen würde, die Erfahrungen aus der Frauenbewegung so ohne weiteres auf eine Fortbildungssituation zu übertragen. Es war mir noch nicht klar, inwieweit Gesprächsgruppen und feministische Studiengruppen mit den doch unterschiedlichen Ausbildungsgruppen vereinbar sind.

Drei Männer meldeten sich für diese Gruppe an, mit der Begründung, sie würden in ihrem Beruf oft mit Frauenproblemen konfrontiert und wollten sich darin üben, um besser mit ihnen umgehen zu lernen. Die Ehe dauerte nur einige Monate. Als wir jetzt zum ersten Mal ausdrücklich mit einer Frauengruppe im Rahmen der Ausbildung arbeiten wollten, waren die Ausgangspunkte und Arbeitsweisen noch nicht so klar. Aber in der Praxis zeigte sich, daß die anwesenden Frauen nicht nur an den Problemen ihrer Klientinnen arbeiten wollten, sondern auch an ihren eigenen. Logisch, denn neben den offenkundigen Unterschieden in Ausbildung, Einkommen usw. hatten wir als Sozialarbeiterinnen und Dozentinnen mit unseren Klientinnen auch vieles gemeinsam: Die Mühe, die es zum Beispiel macht, sich als alleinstehende Frau in einer Welt, die alleinstehende Frauen nicht ernst nimmt, durchzusetzen, oder mit der Belastung, die Verantwortung für die Familie und den Beruf miteinander in Einklang zu bringen, oder mit dem Älterwerden, der gesellschaftlichen Unsichtbarkeit, dem „Abseits" klarzukommen. Zu diesem Zeitpunkt wurden die Männer still. Sie hatten diese Erfahrungen nicht gemacht, begannen sich wie „Topfgucker" vorzukommen oder — für uns Frauen noch viel nervender — fingen an, unsere Erfahrungen zu interpretieren. Als die Gruppe in Supervisionsgruppen aufgeteilt werden mußte und sich alle Frauen entschieden und die Männer „allein" übrig blieben, entstand ein Konflikt. Die Männer fühlten sich im Stich gelassen und beseite geschoben. Jedenfalls weigerten sie sich, miteinander in eine Supervisionsgruppe zu gehen. Trotz einiger anfänglicher Schuldgefühle bei mehreren Frauen lehnten die Frauen es ab, sich *als Frauen* mit den Männern zusammenzusetzen, die die Forderung gestellt hatten, ohne Frauen nicht arbeiten zu wollen, welche, war ihnen egal. Eigentlich war dieser Konflikt außerordentlich lehrreich. Er zeigte deutlich, wie abhängig Männer von Frauen sind, wenn es darum geht, *miteinander* weitermachen zu können, und wie schwierig sie es finden, ausgehend von eigenen Erfahrungen zu arbeiten. Sichtbar wurde auch, wie leicht sich Frauen für das Wohlergehen der Männer verantwortlich fühlen und wie mühsam es für sie ist, zu ihren eigenen Bedürfnissen und Wünschen vorzudringen, wenn sie sich von ihrem Schuldgefühl leiten lassen. Und auch, daß es für Männer genauso nervend ist, wie es für uns immer war, eine Minderheitenstellung einzunehmen. Wir beschlossen, mit diesen Erfahrungen als Illustrationsmaterial, in Zukunft keine Männer mehr in die Frauengruppe aufzunehmen. Es wäre etwas zu bösartig gewesen, zu jeder Gruppe, im Sinne des exemplarischen Lernens, immer wieder einige Männer zu verdonnern, um sie diesen lehrreichen Konflikt wiederholen zu lassen.

Es wurde auch klarer, was in Wirklichkeit schon in dem Konzept der Zielgruppenarbeit enthalten war, daß es nämlich auch für die Arbeit besser ist, wenn nur Frauen mit Frauen arbeiten. Selbst wenn ein Mann in der Lage sein sollte, sich tatsächlich in die Situation und die Probleme von Frauen hineinzudenken (und es zeigt sich, daß darin geübte Männer in der Praxis außerordentlich rar sind), ist es noch immer funktioneller, wenn dort nicht nur eine Person sitzt, die lediglich „versteht", sondern darüber hinaus ihre eigenen Erfahrungen als Frau einbringen kann: Das verringert den Abstand zwischen „Sozialarbeiterin" und „Klientin" beträchtlich und führt so zu der Erkenntnis, daß sie zusammen an einem Strang ziehen. Es wird an gemeinsamen Problemen gearbeitet, nicht nur an den Problemen der „Klientin".

Die Frauen

Das Kennzeichnende an einem Institut für berufliche Weiterbildung — im Gegensatz zu den meisten anderen Ausbildungen — ist, daß es dabei um Erwachsene geht, die schon mitten im Berufsleben stehen. Es sind keine Menschen, die ein neues Fach lernen wollen, sie kommen, um das, was sie bereits tun, besser machen zu können. Daraus ergibt sich schon, daß es im Durchschnitt stark motivierte Menschen sind, die wissen, was sie erreichen wollen. Angesichts der schwierigen Fortbildung ist das auch erforderlich: Zwei Jahre lang alle vierzehn Tage für zwei Tage zur „Schule", plus Supervision, ist neben Beruf und Haushalt nicht wenig. Das Alter der Frauen, die sich für eine Frauengruppe einschreiben, liegt zwischen fünfundzwanzig und sechzig. Sie kommen aus unterschiedlichen Berufen, aus der Bildungsarbeit, der Sozialarbeit, weniger aus der Stadtplanung, weil die immer noch ein Fach mit einem „männlichen" Berufsbild ist. Viele kommen auch aus der alternativen Arbeit, den Frauenbildungs-Kursen, den Vido-Gruppen (Frauen im Übergang), aus dem Gesundheits- und Unterrichtswesen.

Mit der Zulassung von Studentinnen sind wir schon mitten in einem der Themen der Frauengruppen: Was ist Arbeit? Es ist kein Zufall, daß ausgerechnet Frauen häufig in der ehrenamtlichen Arbeit anzutreffen sind und daß die in der Familie entstandenen Erfahrungen in Organisation, Menschenbetreuung und Beziehungsarbeit nicht als „Berufserfahrung" zählen und Frauen, trotz der ständigen Beschäftigung im Reproduktionsbereich, nicht die richtigen Scheine haben.

In den Frauengruppen stehen wir deswegen den anerkannten Auswahlkriterien kritischer als andere Gruppen gegenüber. Wir haben relativ viele Sonderzulassungen in der Gruppe. Grundsätzlich rechnen wir die ehrenamtliche Arbeit als Arbeit, und wenn eine Frau sechs Jahre lang eine Familie mit drei kleinen Kindern über die Runden gebracht hat, sagen wir nicht, daß sie sechs Jahre lang „aus dem Beruf heraus" ist. Das ausschlaggebende Kriterium — neben dem offiziellen — ist, daß die Frauen ihre Praxis benennen und deutlich machen können, aus welchen Erfahrungen heraus sie den Wunsch haben, ihre Arbeit zu verbessern. Wir fassen deshalb den Begriff „Berufserfahrung" weiter als nur die bezahlte Arbeit in einer anerkannten sozialen Institution. Wir haben eine Sondervereinbarung getroffen, den Frauen über vierzig auf unseren langen Wartelisten den Vorrang zu geben, weil sie in ihrem Leben schon oft genug warten mußten und eine kürzere Berufsperspektive vor sich haben.

Viele Frauen haben keine einfache, geradlinige Berufslaufbahn hinter sich. Egal, ob es sich dabei um Frauen aus der Arbeiterklasse oder vom Lande handelt, die über eine Sekretärinnenausbildung, Kindergärtnerinnenausbildung und Abendschule ihrer Herkunft „entflohen" sind, oder aber um Frauen aus der Mittelschicht, die seinerzeit zur Fachhochschule für Sozialpädagogik gegangen sind, weil sie „irgend etwas mit Menschen" machen wollten. Für sie alle war es selten ein einfacher Weg, zur Berufsfortbildung zu gelangen. *Im allgemeinen wird es Frauen nicht leicht gemacht, ihren Beruf ernst zu nehmen. Entweder schaffen sie es ohne Unterstützung, als Alleinstehende, oder mit viel Hexerei zwischen ihren beiden Arbeitsplätzen, zwischen Haushalt und Beruf.* In der Regel sind es Kämpferinnen, die in die Frauengruppe kommen. Es sind auch erschöpfte Kämpferinnen, wie sich in der Frauengruppe herausstellt, wenn sie, oft zum ersten Mal, das Gefühl haben, sich ihrer Umgebung gegenüber nicht behaupten, nicht kämpfen, keinen Schein aufrechterhalten zu müssen. Dann sehen wir, wie oft sie sich um andere kümmerten und selber zu kurz kamen. Die Beziehung zwischen Frauen als Privat-Mütter und den öffentlichen Müttern, wie beispielsweise Sozialarbeiterinnen, ist in den Frauengruppen infolgedessen ein anderes Thema.

Für viele Frauen, ganz bestimmt für solche, die noch nicht in der Frauenbewegung aktiv waren, ist die Entscheidung für eine Frauengruppe gleichbedeutend mit einem bewußten Schritt über eine Schwelle. Die Tabuisierung des Sich-für-andere-Frauen-Entscheidens, selbst wenn es sich dabei nur um eine Fortbildungsgruppe handelt, ist groß. Stärker sogar als bei jeder anderen Entscheidung werden sie zu deren Rechtfertigung gezwungen. Demzufolge haben die meisten Frauen, die in die Frauengruppe kommen, sich sehr bewußt und sehr motiviert entschieden, auch wenn das so nicht immer mit Worten rationalisiert wird. Darüber hinaus ist es häufig nicht der einzige Entschluß, den diese Frauen zu diesem Zeitpunkt fassen. Die Entscheidung findet in einer Periode ihres Lebens statt, in der sich einiges mehr verändert. Was den Frauengruppen das „böse" Image gibt, binnen eines Jahres radikale Veränderungen: geschieden zu sein oder lesbisch oder schwanger oder alles drei, bewirkt zu haben. *Für viele Frauen hat die Gruppe neben der Fortbildungs- auch eine Unterstützungsfunktion für eigene Veränderungen. Das scheint auf den ersten Blick zum Ziel der Gruppe, einer Berufsfortbildung, in Widerspruch zu stehen. Doch da hier eine Wechselwirkung stattfindet, lernen wir aus diesen Erkenntnissen viel darüber, was andere Frauen, unsere Klientinnen, an Umständen und Hilfe benötigen, um ihr Leben selbst in die Hand nehmen zu können. Was wir brauchen, wird sich nicht so sehr von dem, was sie brauchen, unterscheiden. Womit ein drittes Thema angesprochen wäre: Was brauchen Frauen, was können wir einander anbieten, um über die Ausgestaltung unseres Lebens stärker bestimmen zu können?*

Aus dem Vorangegangenen wird wohl deutlich geworden sein,

daß ich als Gruppen„begleiterin" nicht „außerhalb" der Gruppe stehe. Vieles von dem, was für die Studentinnen und Klientinnen gilt, gilt auch für mich. Ich liebe diese Arbeit, und ich kann mich kaum noch daran erinnern, wie es war, als einzelne, als eine Art Pausenclown vor einer Klasse kaum motivierter Menschen zu stehen. Hinsichtlich des Hintergrunds, Alters und der Berufserfahrung unterscheide ich mich wenig von den meisten Frauen in der Gruppe, höchstens in der Anzahl der Jahre, in denen ich mich intensiv mit Frauenarbeit beschäftigt habe. Wie die anderen Frauen lerne auch ich in der Gruppe, meine Arbeit professioneller zu machen, sie gibt mir das Gefühl, nicht allein davor zu stehen, und neue Kraft, wenn ich völlig abgespannt bin und wieder einmal vergessen habe, gut genug für mich zu sorgen, mich als Supermutter viel zu stark für die anderen Supermütter eingesetzt und um zu wenig gebeten habe.

Aus der Situation lernen

In den letzten Jahren gibt es in Richtung „Erfahrungslernen" viel zu tun. Für die Mehrzahl der Frauen in der Gruppe, und mit Sicherheit für jene, die schon Erfahrungen mit Gesprächsgruppen, Frauenprojekten oder radikaler Therapie gemacht haben, ist es selbstverständlich, daß wir uns nicht nur theoretisch mit der „gesellschaftlichen Stellung der Frau" auseinandersetzen, bringen wir doch selbst eine am eigenen Leib erfahrene Fülle an Material mit. Ich habe „Erfahrungslernen" nicht aus einem Buch gelernt und auch nicht in meinem Fachhochschulstudium oder während meines Studiums der Andragogie an der Universität. Ich habe es vor allem aus der Praxis der Frauenbewegung gelernt, nämlich in den Gesprächsgruppen, auf den Frauenstudientagen, an den Volkshochschulen und in den feministisch-sozialistischen Gruppen, den eigentlichen Vorläufern der Frauenarbeit am IVABO. (Zu einer Zeit, in der wir Freire noch nicht gelesen hatten.) Dort entwickelten wir Arbeitsformen, die sich an unseren Bedürfnissen ausrichteten. Die Herangehensweise, die wir in den Frauengruppen zu entwickeln lernten, knüpft beim Selbstorganisationsprinzip des Zielgruppenteams an. Die Arbeitsweise der Zielgruppen steht im direkten Widerspruch zu den meisten anderen Ausbildungen. Als ich selbst noch die Fachhochschule besuchte, hatte ich bei verschiedenen Dozenten in verschiedenen Fächern Unterricht: Ein bißchen Methodik, ein bißchen Theorie, Soziologie, Psychologie, Ökonomie. Kaum aneinander anknüpfend und manchmal sogar widersprüchlich. Wie ich das zu einem Ganzen zusammenfügen sollte, wurde überwiegend mir selbst überlassen. Und wie ich es in der Praxis anwenden könnte, blieb ein individueller Prozeß mit vielen Rückschlägen und zeitweise kleinen Erfolgen. So schlimm wird es vielleicht nicht mehr überall sein. Die meisten Fortbildungen weisen zwar irgendeine Form des „Projektunterrichts" auf. Dennoch gilt für die meisten Student/inn/en an den Weiterbildungsinstituten, daß ihre überwiegenden Lehrerfahrungen — zumindest in den formalen Fortbildungen — aus Versatzstücken bestehen, aus Methodentraining, ohne daß dabei auf den Inhalt geachtet wird, oder darin, Inhalte zu übertragen üben, meist nach dem klassischen Übertragungsmodell, bei dem die methodische Seite vernachlässigt wird.

Schließlich geht es in einer Berufsfortbildung darum, einen Beruf besser ausüben zu können. Anstatt eine Reihe vorgekauter Methoden und eine Menge feststehender Theorien anzubieten, gehen wir in den Frauengruppen von der unmittelbaren, konkreten Situation aus, in der jede sich befindet. Wenn diese Herangehensweise einen Namen bekommen muß, finden wir „Situationslernen" besser als „Erfahrungslernen", das einen viel psychologischeren Beiklang hat und oft beinhaltet, daß es um frühere Erfahrungen geht und nicht um den momentanen Zustand. *Unter fachlichen Qualifikationen verstehen wir dann auch alles, was wir brauchen, um den Beruf besser ausüben zu können.* Indem wir bei den konkreten Situationen beginnen, ergeben sich viele Unterrichtsfragen, die sicher nicht aufgetreten wären, hätten wir mit dem alten Theorie- und Methodenbrei gearbeitet. Die Frage: „Was willst du hier lernen?" stellen wir dann auch nicht so ohne weiteres, da wir aus Erfahrung wissen, daß so doch der alte Weg, nämlich hier ein Stückchen Theorie und da ein bißchen Methodik, eingeschlagen wird. Höchstens wird mittlerweile das etwas abgegriffene „ein bißchen Soziologie und ein bißchen Fallarbeit" jetzt durch das neue „ein bißchen Feminismus-Sozialismus und ein bißchen Cocounselling" ersetzt.

Um Beispiele für Fragen anzuführen, die gar nicht erst aufgetreten wären, hätten wir nur danach gefragt, was jede lernen will, nenne ich einige populäre Themen, die bestimmt aufkommen, wenn du anfängst, aus den konkreten Situationen heraus zu arbeiten. Eine davon ist die chronische Überarbeitung der meisten

Frauen, die Mühe, die es ihnen macht, einen einigermaßen geordneten Tagesablauf einzuhalten, Zeit für die eigene Regeneration übrig zu behalten. Das hängt, wie sich zeigt, mit vielen Dingen zusammen: Frauen fällt es schwer, nein zu sagen, sie haben Mühe, sich abzugrenzen, was wiederum zu den weiblichen Aufgaben, immer für andere da zu sein, sich immer nur für das Glück der Mitmenschen verantwortlich zu fühlen, gehört. Frauen haben selten eine Frau im Hintergrund, die für sie ihren Wohnbereich versorgt und sie emotional auffängt. Ein anderes, weit verbreitetes Problem ist: ,,Wie sag ich's meinen Kollegen?'' Wie gesagt, stößt die Frauenarbeit auf Widerstände. Auf einmal fallen Begriffe wie ,,Einseitigkeit'' und ,,Subjektivität'', als ob nicht jede Arbeitsmethode bestimmte Loyalitäten und Anschauungen einschlösse. Es ist daher also notwendig, standfest zu sein, selbst genau zu wissen, was du gerade tust, um es anderen erklären zu können, aber vor allem auch, um die Ideologie, die hinter der Kritik, die du zu hören bekommst, versteckt ist, analysieren zu können. Auch darin unterscheide ich mich kaum von meinen Studentinnen. Denn wenn mir manche Kollegen mehr oder weniger direkt vorwerfen, ich täte zuviel für die Frauengruppen und damit zuwenig für die ,,allgemeinen'' Institutsangelegenheiten, muß ich mich fragen, was sie damit eigentlich behaupten, daß nämlich Frauensachen keine allgemeinen Sachen sind. *Und dabei stoße ich genauso auf die herrschende Anschauung, die Interessen der Frauen als Privatsache zu betrachten, im Gegensatz zu der Beschäftigung mit den Interessen der anderen Hälfte der Menschheit, der sie das Prädikat ,,allgemein'' zuspricht.*

Die Integration der politischen und persönlichen Ebenen

Abgesehen davon, daß bei der Arbeit aus den konkreten Situationen heraus andere Unterrichtsfragen aufgeworfen werden als die, bei der es um Versatzstücke einer Theorie oder Methodik geht, erlaubt es diese Arbeitsweise auch, gleichzeitig die verschiedenen Ebenen zu erkennen, mit denen ein Problem behaftet ist. Ein Beispiel:

In der Morgensitzung (in der wir erzählen, wie es uns geht), sagt Sonja, daß sie überarbeitet sei, daß sie nicht mehr wisse, wie es weitergehen soll. Sie überlegt sich, ob sie sich krank schreiben lassen soll, überlegt, aus der Frauengruppe auszusteigen. ,,Ich sitze hier doch nur 'rum, um mich auszuheulen. Ich kann euch gar nicht wirklich zuhören." Anstatt mit Sonjas Gefühl, sie müsse mit dem Jammern aufhören und solle die Gruppe lieber verlassen, mitzugehen, bietet ihr die Gruppe an, sich im Rahmen der Unterrichtseinheit „Arbeit" mit ihrer Arbeitssituation einen Morgen lang zu beschäftigen, an dem sie so lange jammern kann, wie sie es braucht. Sonja arbeitet in der Familienfürsorge als Gruppenbetreuerin für die Haus- und Familienpflegerinnen. Durch- und nacheinander werden die verschiedenen Ebenen ihrer Arbeitssituation beleuchtet:

— Die persönliche Lage. Schon beim Co-counselling in der Gruppe treten Sonjas Verhaltensmuster deutlich hervor. Als älteste Tochter in einer Familie, in der die Mutter oft krank war, ist sie es gewohnt, sich für alles verantwortlich zu fühlen. Bedingt durch ihren ländlichen Hintergrund, wo alle hart arbeiten mußten, um sich über Wasser zu halten, ist sie obendrein gezielt für das, was sie *tat*, und nicht für das, was sie *ist*, anerkannt worden. Gleichzeitig kommt eine Menge Schuldgefühl mit nach oben: „Ich habe sie im Stich gelassen, ich gehöre nicht mehr zu ihnen." Anhand der schmerzhaften Gefühle, die geäußert werden können, weil jede liebevoll und ganz aufmerksam mit Sonja in einer Runde sitzt, können wir die Probleme analysieren: Die Unterdrückung als Frau, die dazu führt, daß sie immer andere bemuttert, ohne dabei genug zurückzubekommen. Die Unterdrückung, die sie als eine vom Lande, wo „Müßiggang" eine Schande ist, erfährt und ihr das Gefühl vermittelt, nur anerkannt zu werden, indem sie arbeitet. Und beides ist so miteinander verquickt, daß sie die „Schuld", ihre Klasse verlassen zu haben, damit bezahlt, immer für andere da zu sein, und verlernt hat, bevor sie zusammenklappt, rechtzeitig um Hilfe zu bitten.

— Die Arbeitssituation. Sonjas Behörde ist hierarchisch aufgebaut. Die Familien, zu denen die Pflegerinnen geschickt werden, beschweren sich bei den Familienfürsorgerinnen, die Familienfürsorgerinnen beschweren sich ihrerseits bei den Gruppenbetreuerinnen. Es existiert ein chronischer Zeitmangel. Wenn Familienfürsorgerinnen zusammenklappen, was regelmäßig passiert, wird alles den Vorgesetzten zugeschoben. Sonja hat das Gefühl, sie selbst dürfe nicht umfallen, weil letztlich alles auf ihren Schultern ruht. Damit wird auch gleich die dritte Ebene deutlich:

— Die politischen Umstände. Der Einfluß der Einsparungen, der Arbeitslosigkeit, der gestrichenen Sozialleistungen, was dazu führt, daß Hausfrauen völlig überfordert sind, öfter schlapp machen und häufiger einen Antrag auf eine Familienpflegerin stellen. Einsparungen in der Familienfürsorge aber bedeutet gleichzeitig, daß weniger Pflegerinnen eingesetzt werden können. Überbelastung der Frauen, die sowieso schon viel arbeiten, zieht dann auch verstärkt Ausfall durch Krankheit nach sich, wodurch noch weniger Pflegerinnen vorhanden sind. Eine Art Gleichverteilung der Not, bei der sich Frauen plötzlich, wenn sie nicht aufpassen, als Feinde gegenüberstehen: Da ärgern sich Hausfrauen über die Pflegerinnen, weil die nicht schneller Hilfe schicken; da ärgern sich Pflegerinnen, weil sie zuviel zu tun haben und geschunden werden; Betreuerinnen ärgern sich, weil sie sich von den krankgewordenen Pflegerinnen in Stich gelassen fühlen.

Diese einzelne Arbeitserfahrung ist ein Einstieg für die Arbeit an einer Reihe weiterer Probleme:

— Sonja bekommt von der Gruppe die „Erlaubnis", so viel zu jammern, wie sie will, und gegen ihr Verhaltensmuster, daß sie nichts wert ist, wenn sie nichts für andere tut, anzugehen. Als sie wieder anfängt, alles für andere zu erledigen, wird sie mit sanftem Zwang daran gehindert. Sie darf eben vorläufig in der Gruppe nichts für eine andere tun. Das dabei freigesetzte Gefühl der Verwirrung und Unsicherheit ist für sie ein Ansatzpunkt, über den sie weiter „counseln" kann.

— Nach der Analyse der Behördenstruktur kann sie darüber nachdenken, wie es anders gehen könnte: Können die Pflegerinnen vielleicht eine eigene Selbsthilfegruppe gründen, anstatt sich immer bei der Betreuerin auszuweinen? Auf den ersten Blick scheint darin eine größere zeitliche Beanspruchung zu liegen, auf die Dauer aber bedeutet es, daß nicht alles an die überbelasteten Vorgesetzten herangetragen wird.

— Die Analyse aller konkreten Folgen, die die Einsparungen mit sich bringen, ist ein Anlaß, in Zusammenarbeit mit Kollegen ein Aktionsprogramm aufzustellen, in dem an die Regierung eindeutige Forderungen gestellt werden.

Eine solche Berufserfahrung bietet Möglichkeiten, mit verschiedenen Methoden zu arbeiten: Individuelles Co-counselling (zu Co-counselling mehr in „Das Persönliche bleibt politisch", in diesem Buch), die Gründung einer Gruppe, das Durchführen von Aktionen, die Aufstellung einer politischen Analyse. Auch das, was zu Anfang als rein persönliches Problem erscheint, bekommt schnell eine politische Dimension. Sei es auch nur dadurch, daß die anderen Frauen aus der Gruppe, die in der Familienfürsorge arbeiteten und sich allesamt völlig erschöpft fühlten oder sogar schon krank waren, erkannten, daß es nicht nur ihr persönliches Unvermögen ist, wenn sie einen so anstrengenden Beruf nicht durchhalten, sondern eine strukturelle Gegebenheit. Wenn wir uns in der Folge mit einem Teilstück der Theorie der Hausarbeit und dem entsprechenden Teil in der Sozialarbeit und den Folgen, die die Einsparungen für Frauen haben, befassen, handelt es sich nunmehr um keine von oben verordnete Theorie, die nur auf dem Programm steht, weil die Lehrerin sie abhandeln zu müssen glaubt oder sie vom Ministerium vorgeschrieben ist, sondern um hautnahe Realität. Ein anderes Beispiel:

Rina sagt, sie möchte eine halbe Stunde haben, um ein akutes Problem durchzusprechen. Sie arbeitet auch in der Familienfürsorge und wird jetzt mit der Tatsache konfrontiert, daß sich zum erstenmal Männer als „Pflegerinnen" bewerben. Sie weiß nicht, wie sie dazu stehen soll. Anhand der „Inzidenzmethode" (nach einer informativen Phase arbeiten wir aus, was jede der Frauen in der Gruppe tun würde und dann, was Rina selbst zu tun beabsichtigt) kommen wir der Ambivalenz auf die Spur, die Ursache für Rinas Verwirrung ist. Auf der einen Seite ist es sicher „rollendurchbrechend", wenn Männer von selbst anbieten, eine Arbeit zu machen, die immer für Frauen reserviert war, da sie als Verlängerung ihrer Arbeit zu Hause angesehen wird und deshalb auch so unterbezahlt ist. Auf der anderen Seite wird in diesen Zeiten der Arbeitslosigkeit gerade einer der wenigen Berufe, in denen kaum ausgebildete Frauen Arbeitsmöglichkeiten haben, von Männern erobert, und dem steht nicht gegenüber, daß Frauen in Männerberufen mehr Chancen erhalten. Es ist deshalb eine ambivalente Frage: Erhaltung der spezifischen Arbeitsmöglichkeiten für Frauen oder Rollendurchbrechung? Für Rina stellt es auch eine Schwierigkeit dar, ihren politisch uninteressierten Kolleginnen klarzumachen, daß das Einstellen oder Nichteinstellen von Männern nicht nur davon abhängig ist, ob sie für diese Arbeit geeignet sind, sondern daß es sich dabei auch um eine politische Entscheidung handelt. In der Gruppe übt Rina das Gespräch, das sie nächste Woche mit den Mitarbeiterinnen führen wird. Die Erfahrungen, die die anderen Studentinnen aus der Familienfürsorge dabei einbringen, weisen auf ein anderes Thema. In Ellys Behörde wurde eine Zeitlang mit einigen Männern als „Familienpflegerinnen" gearbeitet.

Im Laufe einiger Jahre hörten die Männer wieder auf, weil ihnen ihre Arbeit zu anstrengend war. Nicht das Saubermachen war dabei ausschlaggebend, sondern sie empfanden das Anhören-Müssen der Familienprobleme bei ihrer Arbeit so unerträglich. Womit wieder einmal bewiesen wäre, daß ungelernte Arbeit nur ungelernte Arbeit heißt, weil sie von Frauen geleistet wird und das Zuhören nicht als Qualifikation, als qualitativer Wert erscheint, sondern als weiblicher Charakterzug. Natürlich läuft es in der Wirklichkeit der Unterrichtsgruppe nicht immer so übersichtlich ab, wie es hier jetzt steht. Nicht bei allen Problemen ist es möglich, die verschiedenen Ebenen zu erkennen, um die Verbindungen zwischen ihnen aufzuzeigen. Dennoch zeigt sich, daß winzige Anlässe zu einer Fülle an Material führen, das nie auf den Tisch gekommen wäre, wenn wir mit Methodikteilen begonnen hätten.

Daß wir bei der Arbeit aus der konkreten Situation heraus von einer Integration von Theorie und Methodik ausgehen, heißt nicht, daß wir uns *nie* einzeln mit einer bestimmten Methodik oder Theorie auseinandersetzen. Im Laufe des ersten Jahres wurden „Blöcke" gebildet. Neben der Unterrichtseinheit „Arbeitsplatz" (der Zeit, in der immer von neuem konkrete Arbeitsprobleme in den Vordergrund gestellt wurden) kann die Gruppe eine Zeitlang intensiv mit einer bestimmten Methode an verschiedenen Themen arbeiten, beispielsweise an der Sozialisation, an den Klassenunterschieden zwischen Frauen, oder an einem bestimmten Theoriestück, zum Beispiel die Entstehung der Sozialarbeit, die Gemeinsamkeiten und Unterschiede zwischen Lohn- und Hausarbeit usw. Aber im allgemeinen ergibt sich der Inhalt dieser Unterrichtseinheiten aus den Lernbedürfnissen, die sich konkret beim situationsbezogenen Arbeiten zeigen. Und in diesen Blöcken wird auch immer stärker auf die Situation zurückgegriffen. Wir befassen uns nicht abstrakt mit den „Anfängen der Gruppenarbeit", die Frauen bringen immer wieder ihre Erfahrungen ein, wie sie damit zu arbeiten lernen und wo dabei neue Probleme auftauchen. Obwohl es bei diesem Modell so aussieht, als entstehe alles „spontan", ist nach fünfjähriger Arbeit mit den Frauengruppen in einigen Punkten voraussehbarer als am Anfang, welche Themen zur Sprache kommen werden. In einigen Punkten gehen wir über die erwarteten Bedürfnisse hinaus. Wir warten zum Beispiel nicht mehr ab, bis die Frage nach dem Co-counselling von selbst auftaucht, sondern planen zu Beginn ein Training. Auch steht von Anfang an fest, daß sich zumindest einige Unterrichtseinheiten mit Theorie und Methodik beschäftigten werden, auch wenn diese gemeinsam mit den Studentinnen anhand konkreter Praxisfragen ausgewählt werden.

Die Begleitung

Meine Funktion als Begleiterin ist eine etwas andere als die, die ich aus anderen Ausbildungen gewöhnt bin. Ab und zu gebe ich ein Seminar oder halte eine Einführungsreihe ab. Manchmal unterrichte ich im Training einer bestimmten Methode, die ich gut beherrsche, die normalen Dozenturtätigkeiten. Aber meine erste Funktion ist vor allem das Setzen eines Rahmens, in dem gelernt werden kann. Wenn das einmal gut läuft, wird ein Großteil der Begleitung von den Studentinnen übernommen. Es hat doch einige Zeit gedauert, bis ich dabei ein Gleichgewicht gefunden habe. In den ersten Jahren bekam ich bei der Beurteilung meines Unterrichtsprogramms schon mal zu hören, daß ich zuviel Raum einnehme und zuwenig von den Studentinnen selber entwickeln lasse. Daraufhin setzte ich mich etwas mehr mit meinem Mutterkomplex auseinander, mit meiner Neigung, wie eine Glucke alle meine Küken unter meine Fittiche zu nehmen, und arbeitete in der Folge manchmal zu „nondirektiv". Dadurch daß ich nicht nur einzelne Sitzungen von den Studentinnen allein habe leiten lassen, sondern abwechselnd den gesamten Gruppenprozeß, ist es auch schon mal passiert, daß sich die Gruppe bei der Arbeit stark verzettelte, jede für sich allein, für ihre eigene Unterrichtserfahrung arbeitete, anstatt daß Raum geschaffen wurde, um gemeinsam an Problemen zu arbeiten oder sich mit Methoden auseinanderzusetzen, die noch nicht alle Studentinnen beherrschten. Ich finde es schwierig, die Funktion der Gruppenbegleitung zu beschreiben. So wie bei Müttern, merkst du vor allem, was sie tun, wenn sie nicht da sind. Es bleibt für mich ein Spannungsfeld, ein Sich-Durchlavieren zwischen dem bewußten Vermitteln von Fähigkeiten und Einsichten, die ich schon habe (sei es auch nur deshalb, weil ich die Erkenntnisse mitbringe, die ich in den vier Jahren Frauengruppenarbeit gesammelt habe) und dem Raumlassen, so daß die Studentinnen sich selbst für etwas entscheiden, ohne dabei wieder ganz von vorn, bei der Erfindung des Rades anfangen zu müssen. Aber es ist auch ein Spannungsfeld, in dem ich nicht allein als Dozentin stehe. Alle meine Studentinnen kennen es aus ihrer eigenen Arbeit. Meine Begleitung ist in der Gruppe genauso Übungsmaterial wie die Arbeitsprobleme, die die Studentinnen einbringen, und wird dann auch regelmäßig zur Diskussion gestellt. Inzwischen ist mir, nach einer Phase allzu großer Bescheidenheit („sie können es ohne mich genauso gut"), schon wieder stärker bewußt, in welchem Maße Gruppenbegleiter/innen vor allem am Anfang für das, was in den folgenden Jahren passieren wird, tonangebend sind. Genau gesagt, glaube ich, daß das Arbeiten auf verschiedenen Ebenen nicht nur davon abhängig ist, ob in therapeutischer oder struktureller Arbeit geübte Studentinnen anwesend sind. Gerade das Erkennen der *Zusammenhänge,* die zwischen persönlichen und politischen Ebenen bestehen, kann leicht mißglücken oder zu einer Polarisation führen, wenn dafür von der Begleitung nicht gleich zu Anfang ein Rahmen angeboten wird.

Die Arbeit mit der Unterrichtseinheit „Arbeitsplatz", der zentrale Punkt der Ausbildung, die Zeit, in der wir den konkreten Arbeitssituationen auf den Grund gehen, ist sehr spannend. Da ich in der Gruppe selbst an einem Problem mitarbeite, weiß ich nicht von vornherein, was ich zu tun habe, welche Methoden ich benutzen muß, welche theoretischen Erkenntnisse sich dabei herauskristallisieren. Das hält mich beweglich und außergewöhnlich wach, denn einzuschlafen oder eine Routinegeschichte herunterzuleiern ist nicht möglich. Am Anfang machte mich allerdings das Gefühl nervös, auf tausend Situationen reagieren können zu müssen, schließlich werde ich dafür bezahlt, meinen Studentinnen etwas beizubringen. Sicher bekam ich später, als ich allein vor einer Gruppe saß (am Anfang arbeiteten wir zu zweit), schweißnasse Hände, wenn jemand bei einem besonders schwierigen Problem in Tränen ausbrach und mich wieder das Gefühl überfiel, ich sei persönlich dafür verantwortlich, daß das Problem innerhalb einer Stunde gelöst werden würde. In solch einem Augenblick vergesse ich schon noch einmal, daß ich als Begleiterin nicht allein dafür geradestehe, sondern die Gruppe aus einem Kreis erwachsener und erfahrener Berufstätiger (jede mit ihren eigenen Fähigkeiten) besteht. Der ganzheitliche Ansatz führt dazu, daß wir die unterschiedlichen Disziplinen und Erkenntnisse, die mit all unseren Arbeitsformen und Erfahrungen in der Gruppe existieren, nutzen können. Damit komme ich zum nächsten Thema, die Unterrichtsgruppe als Übungsgruppe, die Puppe in der Puppe.

Die Unterrichtsgruppe als Übungsgruppe

Während in den meisten Ausbildungen das Methodentraining und die theoretischen Teile nicht zu einem Ganzen verbunden sind, setzen wir in den Frauengruppen in der Praxis an, also mit einem ganzheitlichen Ansatz. (Womit ich nicht sagen möchte, daß das immer unproblematisch ist.) Da nicht nur unsere Klientel Frauen sind, sondern wir Studentinnen und Dozentinnen auch, besteht nicht eine so breite Kluft zwischen der „Beschäftigung mit dir selbst" und der „Beschäftigung mit der Klientel", zwischen Subjekt und Objekt. Wie sich zeigt, haben beide ungeheuer viel miteinander zu tun. Deshalb geraten wir nicht so leicht in die Falle der Polarisation, der so viele Ausbildungen unterliegen: Auf der einen Seite das apolitische, nur auf das Individuum ausgerichtete Selbsterfahrungsmodell und auf der anderen Seite die unpersönliche, gesellschaftskritische und strukturelle Arbeit. Infolgedessen sind die Methoden, die wir *in* der Gruppe benutzen, um zum Beispiel die persönlichen Probleme einer der Frauen herauszuarbeiten, oder unser Umgang mit Theorie oder die Unterrichtsverfahren der Gruppe, gleichzeitig auch die Methoden, die die Studentinnen in ihrer eigenen Arbeit anzuwenden lernen. Die Unterrichtsgruppe ist also gleichzeitig auch eine Übungsgruppe. Das ist möglich, weil es viele Übereinstimmungen zwischen den Studentinnen und ihren Klientinnen gibt.

Wenn wir uns zum Beispiel in der Gruppe mit den Unterschieden untereinander: in Alter, Klasse, Beziehungsformen usw. auseinandersetzen, um darüber, wie Klasse und Geschlecht sich in unserer Sozialisation gegenseitig beeinflussen, Erkenntnisse zu erhalten, stellt sich uns auch jedesmal die Frage, ob die Methoden, die wir benutzen, für unsere Arbeit und für die Frauen, mit denen wir außerhalb des IVABOs arbeiten, geeignet sind und ob die Erkenntnis, die wir erwerben, auch für sie gilt und wenn ja, in welchem Maße. Indem wir mit sehr unterschiedlichen Formen in der Gruppe arbeiten (Gruppendiskussionen, Arbeiten in Untergruppen, individuelle Gespräche in der Runde, Minisessions, d. h. ein paar Minuten für die Arbeit zu zweit, Rollenspiele, Einleitungen usw.), üben sich die Frauen in Arbeitsformen, die sie in der Praxis draußen gebrauchen können. In der Gruppe werden Methoden aus verschiedenen Fachbereichen angewandt: Individueller therapeutischer Ansatz, Methoden der Bildungsarbeit, Gesellschaftsanalyse. Regelmäßig wird dann diskutiert, was sich davon für die

Arbeit außerhalb des IVABOs eignet und welche neuen Schwierigkeiten dabei auftauchen.

Außerdem beschäftigen wir uns neben den Übereinstimmungen zwischen uns als Frauengruppe und den Frauen, mit denen gearbeitet wird, auch mit den nachweisbaren Unterschieden. Es geht nicht um ein mechanisches Übertragungsmodell, bei dem künftig die ganze Frauenarbeit entsprechend der IVABO-Methode ausgeführt wird. Es gibt Unterschiede in der gesellschaftlichen Stellung. Die Tatsache, daß die Frauen vom IVABO im Durchschnitt weniger Geldsorgen und eine bessere Ausbildung haben werden, ist nicht unerheblich. Auch eine sichere agogische Vorbildung macht es einfacher, in unserer Unterrichtsgruppe die verschiedensten Arbeitsformen einzuführen, ohne dabei, wie zum Beispiel in einem VOS-Kurs, viel erklären zu müssen. Es sollte auch nicht unser Ziel sein, daß die Studentinnen mit einer Trickkiste voller netter Methoden nach Hause gehen, die dann einfach mechanisch angewandt werden. Ich möchte, daß alle Studentinnen über die — wichtigste — Grundfähigkeit verfügen: das „Übersetzen", das Sich-Hineinversetzenkönnen in eine konkrete Situation, Vorschläge machen zu können, daran zu arbeiten, politische Phantasie zu entwickeln, um den Gesamtzusammenhang dieser konkreten Situation zu durchschauen und somit auch auf verschiedenen Ebenen darauf reagieren zu lernen. „Spielen" mag sich in diesem Zusammenhang, in dem es um ernste Probleme von Menschen geht, frivol anhören, doch trifft es ungefähr das, was ich meine. Und „Spielen" ist genau das, worin wir uns in der Gruppe üben, nämlich uns selbst als Unterrichtsmaterial zu nehmen. Die Frauen, die *mittelfristig* weniger zu verletzen sind, sind dann die Klientinnen. Das bedeutet also nicht, daß jede nach einer Woche Training mit einem Rollenspiel beginnt, sondern sie vielleicht ihrer Klientin leichter sagen kann: „Stell Dir vor, ich bin ein Mann. Was würdest du dann zu ihm sagen? Versuch es doch mal." Oder daß sie eine Frau nach einem Co-counselling-Training leichter weinen lassen kann, anstatt über Kummer zu reden. Wir sehen im Laufe der zweijährigen Ausbildung deutlich, daß methodisches Können zunimmt und die Angst, sich außerhalb der Grenzen des eigenen Faches zu bewegen, kleiner wird. Weil wir uns nämlich ständig mit zwei Dingen gleichzeitig auseinandersetzen: Mit dem eingebrachten Problem (der Unterrichtsgegenstand oder das Stück Theorie) und mit unserer Arbeitsweise, egal, ob es dabei um das Thema „Arbeitsplatz", Methodik oder die Verarbeitung eines Theoriestückes geht.

Forderungen seitens der Ausbildung

Im Laufe der Zeit wird immer mehr Verantwortlichkeit geteilt.
Zu Beginn bin ich als Begleiterin in erster Linie für das Zugrunde-
legen eines Lehrmodells verantwortlich, aber zu einem recht frü-
hen Zeitpunkt im letzten Ausbildungsjahr bereiten Studentinnen
Teile des Unterrichts vor, indem zum Beispiel eine Studentin ihr
Berufsproblem zur Diskussion stellt, während zwei andere, zusammen mit ihr, für die Art und Weise, wie daran gearbeitet werden
soll, verantwortlich sind. Auch die obligatorischen Prüfungen sind
Unterrichtsmaterial. Auch hier arbeiten wir daran, *wie* wir prüfen,
und die Formen können dabei sehr unterschiedlich aussehen: Ein
Diskussionsmodell, eine Probestunde, einige Übungen, ein Video-
band, ein Gespräch.
Ohne daß wir also am Ende der zweijährigen Ausbildung das
Unterrichtete stundenweise auflisten können (soundsoviele Stunden Familientherapie, soundsoviele Stunden Organisationskunde),
haben die Studentinnen eine Reihe Methoden und Theorien erlernt und sind vor allen Dingen darin geübt, diese flexibel anzuwenden. Die Forderungen, die wir seitens der Ausbildung stellen,
liegen dann auch nicht auf der Ebene formalen, benennbaren Wis-
sens.
In erster Linie erwarten wir von den Studentinnen, daß sie dar-
legen können, was sie gelernt haben, um ihren Beruf besser ausüben zu können. Es ist nicht ausreichend, *daß* sie gelernt haben,
uns geht es um das, *was* sie gelernt haben. Das zu benennen und
für andere sichtbar zu machen, ist keine unwichtige Fähigkeit:
Schließlich möchten wir, daß Sozialarbeiter/innen ihre Arbeit
auch für ihre Klientel durchsichtig gestalten. Immerhin entscheiden
wir uns als Feministinnen nicht ohne Grund für ein möglichst ho-
rizontales Arbeiten, und das schließt mit ein, gleichzeitig das
Image des Allwissenden, der sehr komplizierte und geheimnisvolle
Dinge austüftelt, den Klienten gegenüber durchbrechen zu können. Wir verwenden also entsprechend viel Zeit darauf, Gelerntes
zu benennen, zu vermitteln und durchschaubar zu machen, indem
wir uns zum Beispiel darin üben, Texte zu schreiben und zu ver-
öffentlichen.
Und in zweiter Linie erwarten wir in den Unterrichtsproben,

die die Studentinnen abliefern, eine Ausgewogenheit zwischen den verschiedenen Ebenen: der persönlichen, der Arbeits- und politischen Ebene und der theoretischen und methodischen.

Wir sind der Auffassung, daß Leute, die sich überwiegend mit Theorie beschäftigen, nicht geeignet sind, mit Klienten zu arbeiten, genauso wenig wie solche, die sich nur auf der individuell-therapeutischen Ebene bewegen, ohne dabei den politischen Hintergrund in Betracht zu ziehen und ohne andere Arbeitsformen zur Verfügung zu haben. Es kommt übrigens nicht vor, daß sich die Frauen so einseitig entwickeln, sie erhalten bei unserer Arbeitsweise auch keine Gelegenheit dazu.

Das Vorangegangene könnte den Eindruck erwecken, es genüge schon, eine Gruppe von Menschen gleicher gesellschaftlicher Stellung, in diesem Fall Frauen, zusammenzusetzen und von der konkreten Situation auszugehen, und die Integration von Theorie und Praxis, von Politischem und Persönlichem ginge dann automatisch vonstatten. Natürlich ist es in der Realität immer problematischer, als es sich in einem Artikel zusammengefaßter Grundgedanken darstellt.

Auf zwei Probleme — besser gesagt, Spannungsfelder — will ich in diesem Artikel noch kurz eingehen, bevor ich zu den Schlußfolgerungen komme. Das eine ist das Spannungsfeld der Verwendung von Theorie im Rahmen einer praktischen Ausbildung. Das andere ist das Arbeiten mit persönlichem Material innerhalb einer Ausbildungsgruppe. Zwei Pole also, im normalen Sprachgebrauch das Politische und das Persönliche genannt. Dabei wird sich zeigen, daß, wenn richtig gearbeitet wurde, das Umgehen mit Theorie auch ein emotionales Problem darstellt und das Umgehen mit persönlichen Problemen auch politische Bezüge hat.

Spannungsfeld: Theorie

Wird zu Beginn einer Frauengruppe über „Theorie" geredet, sind damit beinahe selbstverständlich „Texte", Bücher, Fußnoten, Erörterungen, Analysen gemeint. Die meisten Frauen haben ein gespaltenes Verhältnis zu dieser Art Theorie. Ein Großteil jener theoretischen Texte, die wir uns meistens unfreiwillig zu Gemüte haben führen müssen, war sexistisch. Manchmal direkt beleidigend für Frauen, siehe Freud mit seiner Penisneidtheorie, aber meist indirekt sexistisch durch das Weglassen der Erfahrung von Frauen und die Darstellung der Erfahrungen von Männern als „allgemein menschliche" Erfahrungen. Gerade weil das selten offen geschieht, ist es schwierig, dem auf die Spur zu kommen. Häufiger vermittelt es Frauen ein unbehagliches Gefühl der Distanz, der Entfremdung, ein vages Gefühl von: „Das trifft auf mich nicht zu, damit bin ich ja gar nicht gemeint." Ein Beispiel: Ich lese gerade einen Text über die Sozialisation von Menschen. Er handelt im Prinzip also auch von mir. Dabei stoße ich auf einen merkwürdigen Satz: „Viele von uns haben zu ihrem Auto ein intimeres Verhältnis als zu ihren Frauen oder Freundinnen." Wenn ich davon ausgehe, daß der Schreiber dieses Artikels nicht den vorausschauenden Blick gehabt hat, um die Tatsache, daß ich derzeit mit einer Frau und nicht mit einem Mann verkehre, einzubeziehen und mir so meinen Platz zuzuweisen, zeigt sich, daß er offensichtlich von *Männern* redet, nicht von *Menschen*. Es könnte wie feministische Haarspalterei anmuten, über einen solchen Satz zu stolpern, wenn nicht aus mehreren Passagen ersichtlich wäre, daß der Schreiber unbewußt ein Mannsbild mit einem Menschenbild verwechselt. Und wäre ich nicht allmählich darin geübt, dies zu erkennen, und wüßte ich nicht schon, wie allgemein verbreitet es ist, daß Theorien über Menschen sich nur auf die eine Hälfte der Menschheit beziehen, hätte ich wahrscheinlich nur mit einem Gefühl der Distanz reagiert, das die Haltung vieler Frauen hinsichtlich allgemeiner und abstrakter Theorien kennzeichnet. *Für die meisten Frauen ist Theorie mit Widerständen beladen, mit Widerständen gegen das Gezwungen-Werden, ihr Gehirn mit Dingen zu beschäftigen, die nichts mit ihnen selbst zu tun haben.* Hinzu kommen gesellschaftliche Normen, nach denen die intellektuelle Erkenntnis immer höher bewertet wird als die soziale Erkenntnis, was mit dem kapitalistisch-patriarchalen Charakter der Gesellschaft, in der wir leben, zusammenhängt. In Reaktion darauf haben viele Frauen als Gegengewicht eine Haltung entwickelt, nahezu jede intellektuelle Auseinandersetzung suspekt zu finden und jeden Versuch, über die unmittelbar erfahrenen Begriffe hinauszukommen, als eine abgehobene „Männerart" zu betrachten. Ich übertreibe hier ein bißchen, denn soviel Theoriefeindlichkeit, wie den Feministinnen wohl nachgesagt wird, sehe ich nicht, aber es ist doch erkennbar daß wir, bedingt durch unsere Vorgeschichte, manchmal dazu neigen, das, was nicht unmittelbar auf die Stellung der Frauen zu beziehen ist, in Bausch und Bogen zu verwerfen. Marx, Freud, Freire und noch ein paar Herren. Wie auch immer: Bevor wir uns in einer Frauengruppe auf eine sinnvolle Weise mit Theoriebildung befassen können, müssen wir uns notwendigerweise über alte und neue Normen bewußt werden und Widerstände aus dem Weg räumen. Vielleicht erscheint es etwas seltsam, ausgerechnet unsere Theorieblöcke mit einem emotionalen Counselling zu beginnen: An welche früheren Erfahrungen erinnert uns diese Situation, die dazu führt, daß wir nicht in der Lage sind, unsere ganze Intelligenz in vollem Umfang zu benutzen.

Der Druck der Praxis

Neben den früheren Erfahrungen und dem sexistischen Charakter der etablierten Theoriebildung kann auch die Tatsache, daß wir mit Leuten aus der Praxis (für die der Druck der alltäglichen Probleme groß ist) arbeiten, ein Hindernis darstellen. Manchmal kann es wie ein Luxus erscheinen, sich lange in ein Buch vertiefen zu können, wenn nicht sofort der praktische Nutzen deutlich wird. Universitätsstudent/inn/en können Schwierigkeiten damit haben, daß sie jahrelang Bücher lesen, ohne sich dabei jemals die Frage zu stellen, was sie damit anfangen können. Für Sozialarbeiter/innen gilt das Umgekehrte. Manchmal ist die Ungeduld stark zu spüren: Es ist keine Zeit dafür, Bücher über den Klassencharakter dieser Gesellschaft zu lesen, wenn nicht augenblicklich zu erkennen ist, wie es dabei hilft, besser mit den Arbeiterfrauen in der Stadtteilberatungsstelle zu arbeiten. Teilweise hat uns das gezwungen, uns mit der Theoriebildung auseinanderzusetzen, die mittlerweile aus der Sicht von Frauen entwickelt worden und näher an der Praxis geblieben ist. Auch hier besteht ein Spannungsfeld. Einerseits ist es verständlich, daß Menschen aus der Praxis nicht immer die Zeit aufbringen können, etwas zu einem Thema zu lesen, abstrakte Theorien in die Praxis zu übersetzen, aus dem nicht direkt auf unsere Fragen ausgerichteten, geschriebenen Material das Gute herauszuholen und selbst in etwas Brauchbares umzusetzen. Andererseits bleibt es ein Problem, daß nicht das gesamte Wissen in verdaubaren Bröckchen vorgesetzt werden kann. Obendrein bleibt damit die Abhängigkeit von Dozent/inn/en, die sich den Luxus erlauben können, Bücher auf ihre Brauchbarkeit hin zu lesen und sie dann vorgekaut vorzutragen. Auf der einen Seite wissen wir, daß Theorie nicht fesselt, nicht wirklich hängenbleibt, wenn sie nicht an eine wirkliche Neugier der Menschen anknüpft, an schon vorhandene Kenntnisse, an konkrete Interessen. Auf der anderen Seite wissen wir auch, daß sich Wissen anzueignen, genauso eine Frage des Um-die-Ecke-Denken-Könnens ist, der Fähigkeit, Gedankengänge entwickeln zu können, auch wenn diese nicht sofort auf eine Lösung hinarbeiten. Und wir wissen, daß es das Denken manchmal stärker schärft, wenn du etwas liest, das nicht genau von dem handelt, was du wissen wolltest, als ein Aufguß eines feministischen Artikels. In diesem Spannungsfeld, das nicht nur für mich als Dozentin ein Problem darstellt, sondern gleichzeitig ein Berufsproblem der Gruppe ist, versuchen wir, Arbeitsmethoden zu entwickeln, bei denen wir weder in der direkten praktischen Anwendbarkeit steckenbleiben, noch ins andere Extrem fallen, nämlich den Student/inn/en eine Menge Material vorzusetzen, wobei sie selber sehen müssen, ob sie damit später etwas anfangen können.

Als Begleiterin werde ich weniger schnell mit einer Reihe perfekt ausgearbeiteter Seminare ankommen, aber ich werde auch nicht mehr auf immer wieder neue Anlässe warten, sie en detail auszuspucken. Beim Experimentieren in unseren Arbeitsformen hilft es uns, daß — gerade in der Frauenbewegung — allmählich mehr Material existiert, das sich mit der „Grauzone" zwischen Erfahrungen und politischer Analyse auseinandersetzt.

Wenn wir zum Beispiel mit unserer eigenen Sozialisationsgeschichte beginnen, mit unseren Mütter- und Töchterbeziehungen und von dort aus über eigene Zusammenfassungen und „leicht" verständliche Bücher auf die viel kompliziertere psychoanalytische Theorie hinarbeiten, funktioniert das besser, als wenn wir gleich bei den psychoanalytischen Theorien angefangen hätten. Aus eigenen Erfahrungen heraus auf abstrakte Theorien hinzuarbeiten, regt auch selbständiges Denken stärker an. Laß dich nicht von dem Gefühl behindern, eigentlich alle Standardwerke zu diesem Thema durchgeackert haben zu müssen, bevor du zu irgendeinem Thema etwas sagen kannst. Auch die Tatsache, daß die Frauenbewegung noch nicht so lange aktiv ist, hilft dabei, denn es gibt einfach noch nicht soviel Material. Und wenn du etwas lesen willst, das es noch nicht gibt, dann mußt du es eben schreiben. So ist schließlich auch der größte Teil des heute existierenden Materials entstanden. Daraus wird deutlich, daß jede Theorie in ihren Anfängen „begriffene Erfahrung" ist. Aber nicht immer gelingt es, direkt von den Erfahrungen auf die Theorie hinzuarbeiten. Zwei Jahre sind kurz. Nicht alle Studentinnen fangen bei demselben Punkt an. Und manchmal zeigt sich, daß es doch notwendig ist, „von oben" einige „Seminare" über Grundkenntnisse zu planen, aber nur wenn Zeit dazu da ist, sich immer wieder von neuem die Frage zu stellen, ob diese noch an die Praxis anknüpfen.

Spannungsfeld: Das Persönliche

In den Frauengruppen arbeiten wir schon längere Zeit mit Erkenntnissen und Methoden, wie zum Beispiel aus der radikalen Therapie. Wir arbeiten in kleinen Runden, wobei jede die gleiche Aufmerksamkeit geschenkt bekommt. Wir übernehmen Verhaltensregeln: wenn beispielsweise eine an einem Problem arbeitet, bieten wir nicht sofort Beurteilungen oder Ratschläge an, sondern warten, bis sie von selbst darum bittet. Es sind Verhaltensregeln, die, wie sich in der Praxis zeigt, eine gute Wirkung haben und deshalb auch von den Studentinnen wieder an ihren eigenen Beruf angeglichen werden. Im Laufe der Zeit wurde neben den Methoden aus der radikalen Therapie das Co-counselling eingeführt. Und in unterschiedlichem Maße sind wir in den verschiedenen Frauengruppen damit beschäftigt, das Co-counselling in die Unterrichtsgruppe zu integrieren.

Co-counselling im Kurzen

In reiner Form ist das Co-counselling eine Methode, bei der alter Schmerz (alle unangenehmen, bedrohlichen, zwanghaften, ängstlichen und traurigen Erfahrungen), den wir nicht vollkommen haben äußern können, entladen wird. Das einfache Mittel dazu ist die vollkommene Aufmerksamkeit einer anderen Person, die nicht urteilt, nicht interpretiert und dir, ohne dabei unbekannte, therapeutische Techniken zu benutzen, die Gelegenheit gibt, alte Erfahrungen zu verarbeiten. Eine emotionale Entladung ist dabei das Mittel, nicht das Ziel an sich. Gefühle sind nicht heilig, aber sie stehen uns oft dabei im Weg, unseren gesunden Verstand zu gebrauchen, um auf jede neue Situation angemessen zu reagieren. Was du dir darunter vorzustellen hast, wird vielleicht deutlich, wenn du dir überlegst, wie alte Gefühle Reaktionen beeinflussen. Wenn ich meine alte Wut über erfahrene Unterdrückung nicht verarbeite, bekommt jeder Mann, der es wagt, mir gegenüber eine sexistische Bemerkung zu machen, all das ab, was nicht nur für ihn, sondern für alle seine Artgenossen bestimmt ist. Vielleicht ist das für ihn sehr lehrreich, aber wenn das in einem Bewerbungsgespräch oder in einer Mitarbeiterversammlung passiert, ist das vielleicht nicht so angebracht. *Wir sind für unsere Gefühle nicht verantwortlich, wird beim Co-counselling gesagt, wohl aber dafür, was wir mit ihnen machen.* Es geht also weder darum, in jeder Situation jedes Gefühl, das bei uns hochkommt, sofort auszuleben, noch darum, jedes Gefühl in eine therapeutische Sitzung zu kanalisieren, so daß wir, ohne etwas an unserer Situation zu ändern, unser bisheriges Leben weiterführen. Co-counselling heißt eigentlich Re-evaluation counselling. Beim Herausarbeiten alter Gefühle wird wieder Energie freigesetzt, wodurch Situationen klarer erkannt werden können. Wenn ich in der Lage bin, alten Schmerz und Haß nicht länger auf die zufälligen Personen meiner Mutter und meines Vaters zu richten, sondern auch zu erkennen, wie meine Erziehung mit der Zeit, in der sie lebten und der gesellschaftlichen Aufgabenteilung zwischen Männern und Frauen zu tun hatte. Beim Co-counselling — im Unterschied zu den meisten anderen Therapieformen — wechseln im Prinzip „Klient/in" und „Counseler" von Rolle zu Rolle. Wenn ich zehn Minuten lang jemand meine Aufmerksamkeit schenke, bekomme ich auch zehn Minuten Aufmerksamkeit zurück. Dabei werden die alten Unterscheidungen durchbrochen: Es gibt also nicht hier die „Klient/inn/en" mit einem Problem und dort den „Counseler", den Problemlosen, der die Lösungsmöglichkeiten einbringt. Weil beim Co-counselling jede/r sowohl im Klientsein als auch im Counselersein trainiert wird, ist, was dort geschieht, vollkommen durchschaubar. Es wird nicht nach irgendwelchen Interpretationsmodellen an dir herumgedoktert, auf die du als Klient/in keinen Einfluß hast. Co-counselling ist deshalb im Rahmen von Selbsthilfe und -organisation, die wir innerhalb der Frauengruppen praktizieren, viel leichter als die meisten anderen therapeutischen Methoden anzuwenden. (Therapeutisch ist für das Co-counselling eigentlich eine inadäquate Bezeichnung. Es ist nicht problemlösend, es ist problemerhellend. Wenn ich meinen alten Schmerz darüber, wie es ist, allein ein Kind großzuziehen, entlade, verändere ich dadurch die Situation, allein ein Kind zu erziehen, noch nicht. Sicher aber kann ich mich in Zukunft mit weniger Schuldgefühlen daran machen, meine Situation zu verbessern.)

Jede Methode kannst du auch negativ wenden, hinter jeder individuell ausgerichteten Selbsterfahrung verbirgt sich die Gefahr, darin steckenzubleiben. Sich mit den eigenen Problemen auseinanderzusetzen hat eine große Faszination. An sich würde eine Frauengruppe leicht zwei Jahre lang vollauf mit der Entladung alten Schmerzes beschäftigt sein. Es ist erschreckend, wie viele unterdrückende Erfahrungen eine Gruppe eigentlich doch privilegierter Menschen mit sich herumschleppt. Oft sind es die gleichen Menschen, die einmal geglaubt haben, sie selbst seien nicht unterdrückt.

Aber die Frauen vom IVABO bilden nicht in erster Linie therapeutische Gruppen, sondern diese sind Teil einer Berufsfortbildung. Wenn Frauen feststellen, daß sie noch viel „Material" haben, an dem sie arbeiten können, beginnen sie oft nach der Ausbildung mit einem Co-counselling-Training.) Warum nimmt das Co-counselling dort dennoch einen festen Platz ein? Ich nenne ein paar Gründe.

1. Eine größere Wahrnehmungsfähigkeit

Es klingt wie ein Klischee, wenn ich sage, daß du besser imstande sein wirst, mit den Emotionen der Klient/inn/en umzugehen, je besser du mit deinen eigenen Gefühlen umgehen kannst. Und du wirst mehr Einblick in die Art und Weise bekommen, wie andere Frauen ihre Unterdrückung verinnerlicht haben, je mehr du diese Mechanismen bei dir selbst zu durchschauen lernst. *Um ein guter „Counseler" zu sein, wird beim Co-counselling gesagt, mußt du ein/e gute/r Klient/in sein können.* In der Praxis stelle ich fest, daß das funktioniert. Ich höre von meinen Studentinnen, daß sie sich in ihrer Arbeit mehr zutrauen, daß sie weniger erschrecken, wenn eine Frau in einem Frauenbildungskurs zu weinen anfängt, und sie andere Frauen eher ermutigen, etwas mit ihrer Wut zu machen statt über sie hinwegzureden. Ich stelle das auch an mir selbst fest. Als ich vor fünf Jahren mit den Frauengruppen anfing, war ich sehr geübt im Analysieren von Unterdrückungserfahrungen. Das ist eine nützliche Fähigkeit, aber, im nachhinein betrachtet, habe ich doch manchmal über die Erfahrungen der Frauen hinweggeredet, anstatt sie durchzuarbeiten. Wenn mir damals eine Frau etwas darüber erzählte, wie schuldig sie sich fühle, wenn sie zu oft nicht zu Hause sei und ihr Mann und ihre Kinder sich darüber beklagen, daß es früher sehr viel gemütlicher gewesen sei, hätte ich ihr viel schneller einen kleinen Vortrag über Hausarbeit und die reproduktive Funktion von Hausfrauen gehalten. Inzwischen neige ich eher dazu, zuerst einmal an diesem Schuldgefühl selbst zu arbeiten: Wieviel Angst versteckt sich dahinter, wieviel Wut. Es funktioniert so besser, du kommst schneller dorthin, wo du hinmöchtest, und es wird wohl deutlich geworden sein, daß du zu einem Teil einer Analyse besser eine Beziehung herstellen kannst, wenn du etwas emotional durchgearbeitet hast, als wenn du versuchst, mit deinem Gefühl deinem Verstand hinterherzulaufen. Aber es ist mehr als das: Indem wir mehr Raum für das Durcharbeiten alter schmerzhafter Erfahrungen lassen, gelangen wir zu tieferen Schichten. So haben wir uns früher bei dem Thema Sozialisation überwiegend mit der gesellschaftlichen Seite auseinandergesetzt: Wie werden Jungen und Mädchen von klein auf auf ihre spätere berufliche Aufgabe konditioniert? Während wir jetzt stärker die psychologischen Wurzeln erkennen. Nämlich die Art und Weise, wie Mütter noch immer die Hauptverantwortlichen bei der Sozialisation von Kindern sind, wie sie ihre eigene Unterdrückung, vor allem an ihre Töchter, weitergeben: „Kind, wenn du nur glücklich bist, dann brauche ich nichts weiter." So macht uns das Co-counselling einerseits für das, was andere Frauen durchmachen, empfindsamer, andererseits ist unser eigenes „Material" auch Thema für die weitere Theoriebildung. Die Erkenntnisse, die wir beim Co-counselling über unsere Sozialisation sammeln, knüpfen bei der Entwicklung der feministischen psychoanalytischen Erkenntnisse an, bei denen die Projektion zwischen Mutter und Tochter im Mittelpunkt steht, und bei der soziologischen Theoriebildung, die die Funktion der Familie in dieser Gesellschaft im allgemeinen betrachtet.

2. Eine tiefere politische Erkenntnis

Das Co-counselling hat, wenn es richtig benutzt wird, also auch eine politische Funktion. Es ist schon zu einem früheren Zeitpunkt dargelegt worden, daß Unterdrückung von Menschen nicht nur in den Produktionsverhältnissen, sondern auch, gerade für Frauen, in dem, was Privatbeziehungen genannt wird, zum Ausdruck kommt. Das Öffentlichmachen dieser Privatbeziehungen hat somit auch eine politische Funktion, und so wirkt es auch. Das ist einer der Gründe, warum wir das Counselling viel in Gruppen und nicht nur in Zweierkonstellationen benutzen.

Ein Beispiel: Marianne arbeitet mit einer Frauengruppe in ihrem Stadtteilzentrum, die Frauen wollen über Sexualaufklärung reden. Marianne vermutet, daß die Frauen eigentlich über ihre eigenen Probleme mit der Sexualität reden wollen. Das stößt bei ihr auf starken Widerstand, denn schließlich weiß sie nicht, was dabei alles nach oben kommt, und sie selber kann damit auch noch nicht so toll umgehen. Wir beschließen, mit der ganzen Gruppe an diesem Thema zu arbeiten. Bei einer Gesprächsrunde, in der es um die schönsten sexuellen Erinnerungen geht, kommt außer viel Gelächter auch nach oben, daß das Schöne an schönen Erfahrungen weniger mit Sex und mehr mit Wärme, Sicherheit und Beschütztsein zu tun hat. Bei einer folgenden Gesprächsrunde, bei der die Frage nach den frühesten unangenehmen Erfahrungen gestellt wird, zeigt sich, daß auch das Unangenehme nicht so viel mit Sex zu tun hat, sondern vor allem mit Situationen von Zwang, Unfreiheit und der Unmöglichkeit zu wählen.

Es erschreckt uns, wie viele Frauen schon sehr früh mit unfreiwilligem Sex in Berührung gekommen sind, mit der Erfahrung, über den Gebrauch deines Körpers nicht bestimmen zu können, und wie lange dieses „Ohnmachtsgefühl" noch nachwirkt.

Als Marianne im Anschluß daran ihre Erfahrungen durcharbeitet, fallen sie alle in ein Muster. Es ist nicht allein ihre Privaterfahrung, wenn sie schließlich zu einem schon vergessenen Zwischenfall mit einem Stiefvater gelangt, der sie mißbraucht hat. Zwischen ihrer Erfahrung und der anderer Frauen besteht nur ein gradueller Unterschied, das Muster ist dasselbe. In so einem Augenblick braucht die Erkenntnis des Politischen, des Gemeinsamen an den individuellen Formen der Unterdrückung, nicht von außen eingebracht zu werden, es ist direkt sichtbar.

Diese Art zu arbeiten vermittelt uns auch mehr Wissen darüber, warum es für die Frauen in dem Stadtteilhaus so bedrohlich ist, über Sexualität zu reden: Wenn *wir* uns schon über die Erfahrungen, die nach oben kommen, erschrecken, gilt das erst recht für die Frauen, die noch weniger Freiheit haben, zu wählen, die noch weniger über ihren Körper bestimmen können als wir. Es ist in jedem Fall ein Stück weniger leicht, laut zu sagen, daß dein Mann dich vergewaltigt hat, wenn es keine wirkliche Alternative zu deiner Ehe gibt. (Marianne arbeitet danach in der Gruppe aus, wie sie jetzt versuchen wird, die erworbenen Erfahrungen im Stadtteilhaus anzuwenden, unter anderem, indem sie zuerst mit den positiven Erfahrungen anfangen wird, die es weniger bedrohlich machen sollen, zu den schlimmen Erfahrungen vorzudringen.)

3. Co-counselling als Gruppenarbeit

Wir benutzen Co-counselling als Methode zur Verbesserung der Arbeit in der Gruppe. Wie schon gesagt, wenden wir es zum Beispiel bei der Verarbeitung der Widerstände gegen Theorie an oder bei den Probestunden, um Prüfungsängste durchzuarbeiten. Wir benutzen es auch schon mal bei Spannungen innerhalb der Gruppe. Ein Beispiel: Els und Vera sind zusammen in die Gruppe gekommen, sie wohnen nahe beieinander, sie haben zusammen Supervision gemacht. Als der Supervisor gewechselt werden soll, beschließt Els, daß sie jetzt einmal ohne Vera Supervision machen möchte. Vera ist darüber böse. Sie kommen von selbst mit dem Wunsch in die Gruppe, daß sie daran arbeiten möchten. Keine der beiden will, daß die Irritation und der Ärger, den sie im Moment für einander empfinden, zu Spannungen in der Gruppe führen oder diese es in anderen Momenten erschweren, wieder zusammenzuarbeiten. Während Els in der Gruppe zuschaut, counselt Vera über ihre Sicht dessen, was passiert ist: Sie hat das Gefühl, von ihrer Kameradin im Stich gelassen worden zu sein. Dahinter versteckt sich eine tiefere Schicht: Ältere Erfahrungen, schon von Kind an: Wenn es darauf ankommt, lassen dich die Menschen im Stich, ich muß ja doch immer alles allein schaffen. Danach arbeitet Els, während Vera zuschaut. Bei ihr wird eine andere Ebene sichtbar: „Immer bin ich aber auch für jemand anderen verantwortlich, nie darf ich etwas für mich tun. Klette nicht so an mir.“ Der Konflikt in diesem Augenblick entstand also, wie klar wird, weil Els' und Veras Reaktionen viel unverarbeiteter alter Schmerz zugrundeliegt: Zuviel allein gelassen worden zu sein auf der einen Seite, zuviel verantwortlich sein müssen auf der anderen Seite. Eine kleine Entscheidung, nicht zusammen in eine Supervisionsgruppe gehen zu wollen, hat die ganzen alten Schmerzen wieder hochgeholt und zur Eskalation geführt. Damit wird es etwas leichter, mit dem Konflikt umzugehen. Für Els und Vera ist klar, woran sie selbst noch arbeiten müssen und daß die Entscheidung der einen nicht gemeint war, um der anderen weh zu tun.

Auf die gleiche Weise haben wir auch an den Gefühlen gearbeitet, die bei Entscheidungsprozessen auftreten, mit Menschen, für die das Ausgewählt- oder Nicht-Ausgewähltwerden durch andere, wie zum Beispiel für eine Arbeitsgruppe, sehr belastend ist.

Einige in Gruppen immer wiederkehrende Probleme thematisieren wir. Zum Beispiel das Arbeiten mit „Führung". Frauen haben in dieser Gesellschaft selten eine leitende Funktion. Die meisten von uns haben in bezug auf Autorität eine gehörige Portion Aggression in sich angestaut. Uns ist auch die Botschaft vermittelt worden, daß du keine richtige Frau bist, wenn du gesellschaftlichen Erfolg hast: Das Wort „Karrierefrau" ist ein Schimpfwort, das Wort „Karrieremann" existiert nicht. Das Sich-Entscheiden-Müssen zwischen dem, von deinen Kollegen ernstgenommen werden zu wollen, oder dem, nett gefunden zu werden, ist keine schmerzlose Entscheidung. Viele Frauen entscheiden sich unbewußt, indem sie sich etwas kleiner und hilfloser machen, als sie sind, um sich den auftauchenden Aggressionen, sobald sie zeigen, wie kompetent sie sind, zu entziehen. Auch in Frauengruppen tun wir uns schwer, mit Führung und Autorität umzugehen. Ich ertappe mich selbst immer wieder dabei, daß ich anfange, mich für das, was ich gut kann, zu entschuldigen, daß ich Zustimmung brauche, um mich wie eine „Leiterin" zu verhalten. So fest sitzt das Muster: die Menschen nehmen mir übel, wenn ich mich selbstbewußt verhalte, und gerade Frauen schüchtere ich damit ein. Nach jahrelanger, gründlicher Sozialisation, bei der wir für Schwäche und Unterordnung belohnt werden, ist es für viele Frauen bedrohlich, eine leitende Position zu übernehmen. Um von diesem Muster wegzukommen, können wir nicht nur verbal die gesellschaftliche Ursache unserer Schwierigkeiten in bezug auf Autorität analysieren, sondern darüber hinaus ganz konkret den Momenten nachforschen, in denen uns vermittelt worden ist, daß wir mehr Anerkennung erhalten, wenn wir uns kleiner machen. Wir arbeiten auf verschiedene Weise daran: so arbeiten wir alte, schmerzhafte Erfahrungen auf und lernen, uns selbst zu schätzen und Anerkennung anzunehmen. Manche Frauen sind nicht in der Lage, etwas Gutes über sich selbst zu sagen, ohne es sofort wieder zurückzunehmen: „Ich glaube schon, daß ich ganz gut mit meinen Kindern umgehen kann, eigentlich, aber manchmal ist es auch ganz schöner Mist, den ich mache, weißt du." Oder sie können nicht hören, wenn jemand etwas Gutes über sie sagt, ohne es sofort abzuschwächen: „Ich und eine gute Einleitung gehalten, ich fand eigentlich umgekehrt, daß du es viel besser gemacht hast."

Kurz: Wir benutzen Co-counselling in den Unterrichtsgruppen, weil es ein wirkungsvolles Mittel ist, mit Gefühlen umzugehen, weil es auf einer einfachen Theorie aufgebaut ist, die von allen verstanden und erlernt werden kann, und weil es auf Gegenseitigkeit beruht, was wiederum zu unserer Auffassung paßt, daß die Welt nicht in Sozialarbeiter/innen und Klientel (Patienten) aufzuteilen ist, sondern in Gruppen mehr oder weniger unterdrückter Menschen, die selbst am besten in der Lage sind, sich zu helfen.

Schlußfolgerungen

Wir wollen in den Frauengruppen viel erreichen. Eine übliche Reaktion gegen Ende des zweiten Jahres ist, daß die Zeit viel zu kurz sei. Es ist auch schon vorgekommen, daß einige Studentinnen ohne Begleitung ein separates drittes Jahr machen. Zwei Jahre sind wenig. Lange nicht alles, was zum Vorschein kommt, kann wirklich ausgearbeitet werden. Aber zwei Jahre reichen aus, um ein Unterrichtsmodell zu entwickeln, das die Studentinnen selbst weiterbenutzen können, in ihrem eigenen Team, in selbstorganisierten Übungs- und Unterstützungsgruppen, die oft schon während der Ausbildung eingerichtet werden. Wir vermitteln ihnen nicht das Gefühl, bei der Aushändigung der Diplome fertig zu sein, denn wir wollen, daß sie sich weiterentwickeln. Auch ich als Begleiterin habe noch lange nicht das Gefühl, daß das Unterrichtsmodell jetzt steht.

Zurück zu der Frage, wofür sind die Frauen aus der Frauengruppe nun eigentlich ausgebildet? Bestimmt nicht, um allein in Frauengruppen zu arbeiten, auch wenn sie sich oft dafür entscheiden.

Das flexible Entwickeln von Methoden direkt aus den konkreten Situationen ist in vielen Praxisformen möglich. Das Entwickeln von politischer Phantasie, das Erkennen der verschiedenen Ebenen und ihrer Komplexität und der Verbindung der verschiedenen Ebenen in der Praxis ergibt sich nicht allein aus einem feministischen Ansatz. Alle Studentinnen sind sowohl in der Frauengruppe als auch durch die Übung in ihrem Beruf in einer Reihe agogischer Fähigkeiten ausgebildet worden.

Die Tatsache, daß wir unseren Studentinnen allen das gleiche Diplom aushändigen, bedeutet noch lange nicht, daß sie mit einheitlichen Qualifikationen abschließen. Wir haben es mit Unterschieden in Berufsrichtungen zu tun, die nicht einfach aufgehoben sind. Wir haben es auch mit Unterschieden in politischen Anschauungen und unterschiedlichen Vorlieben für Arbeitsformen zu tun. Die Frauengruppen unterscheiden sich von den meisten anderen Ausbildungen nicht in erster Linie, weil sie sich andere Methoden aneignen. Wir benutzen viele Erkenntnisse und Methoden aus der etablierten Arbeit und würden auch bestimmt nicht wollen, daß sich unsere Studentinnen ganz in der alternativen Arbeit verkriechen. Sei es auch nur deshalb, weil wir glauben, daß wir der etablierten Arbeit etwas zu bieten haben. *Das andere an den Frauengruppen ist vor allem die Diagnostik, die Sichtweise, aus der wir die Methodik entwickelt haben.*

Nun zurück zu den Anfangsfragen. Ist die Frauenarbeit eine von anderen Disziplinen, beispielsweise der Sozialarbeit oder der Familientherapie, getrennte Methodik? Nein, die meisten Studentinnen bleiben in den Berufszweigen, denen sie schon angehören, aber sie werden ihre Arbeit ihren neuen Erkenntnissen anpassen.

Besteht die Frauenarbeit denn aus denselben bekannten Methodiken, nur mit dem Unterschied, daß es dabei um Frauen geht? Auch nicht, denn durch die andere Diagnostik verändert sich auch die Arbeit, manchmal radikal, meist allmählich. Die Frauen aus den Frauengruppen arbeiten genauso wie andere Student/inn/en der Berufsfortbildungsinstitute in den Stadtteilzentren, in der Verwaltung, werden Dozentinnen für Methodik oder Supervisor. Aber innerhalb ihrer Arbeit wird sich einiges sehr verändern. Sie werden beispielsweise zu horizontaleren Arbeiten tendieren, größere Betonung auf die Selbsthilfe von Klient/inn/en legen. Nicht alle Studentinnen werden daher ausschließlich mit individuellen Kontakten arbeiten wollen, einige werden innerhalb ihres Berufes versuchen, Klient/inn/engruppen zu gründen. Frauen im Unterricht werden weniger dazu neigen, mit klassischen Übertragungsmodellen zu arbeiten. In der Vorschularbeit wird den Problemen der Mütter mehr Aufmerksamkeit geschenkt werden. Ein paar Sozialarbeiterinnen werden ein stärkeres Interesse für bessere Arbeitsverhältnisse zwischen Mitarbeitern fordern und die Organisation der eigenen Reproduktion mit zu ihrer Arbeit rechnen. Eine andere wird in ihrer Stadtteileinrichtung den Kampf aufnehmen, um ihre Frauengesprächsgruppe als Arbeit anerkannt zu bekommen. Es wird Frauen geben, die sich stärker gegen Einsparungen engagieren werden.

Einige Frauen werden auch sicherlich ihren alten Beruf aufgeben, weil sie keine Möglichkeit sehen, ihre neuen Erkenntnisse umzusetzen.

Das sind Veränderungen, die sich nicht einfach unter dem Nenner einer „anderen Methodik" oder einer „anderen politischen Haltung" fassen lassen.

LITERATUR:

Carroll Smith-Rosenberg, The female world of love and ritual: relations between women in nineteenth century America, Signs, vol. 1, nr. 1, 1975.
Adrienne Rich, Compulsory heterosexuality and lesbian existence, Signs, vol. 5, nr. 4, 1980.
Adrienne Rich, Von Frauen geboren. Mutterschaft als Erfahrung und Institution, Frauenoffensive, München 1979.
Sonja Ruehl, Inverts and experts: Radcliffe Hall and the lesbian identity, in: Brunt and Rowan, eds, Feminism, culture and politics, Lawrence and Wishart, London 1982.
Lillian Faderman, Surpassing the love of men, Romantic friendship and love between women from the 16th century to the present, London 1981.

KRIEG

FÜR MEINE MUTTER:
ANNIE

Ein Jahr lang gehörte ich einer „Solidaritätsgruppe" für jüdische und nicht-jüdische Frauen an. Unsere Themen waren Kriegserfahrungen, soweit wir welche besaßen, und Erfahrungen mit Antisemitismus und Faschismus. Als ich meine „Hausaufgaben" machte, dachte ich, daß es wenig gäbe, worüber ich nachdenken könnte. Und erschrak im Grunde, als ich merkte, wie nahe mir der Krieg doch geht, wenn ich auch erst in den allerletzten Kriegsmonaten geboren wurde. Es ist, als ob dieser Krieg, je älter ich werde, nicht etwa weiter weg, sondern näher rückt. Und als ob die Erfahrungen von damals, die ich bei meiner Geburt erlebte, in meinen heutigen Reaktionen noch immer eine Rolle spielen. Beispielsweise in meinem Denken über den Zusammenhang zwischen Sexismus und Faschismus.*

Dies schrieb ich 1982, für mich selber, für meine Mutter und für die anderen Frauen aus der Gruppe.

Ich habe lange geglaubt, daß ich keine Kriegserinnerungen hätte. Schließlich bin ich im Januar 1945 geboren, im Mai war für die Niederlande der Krieg zu Ende. Ich kam beim Lärm englischer und amerikanischer Flugzeuge über dem Haus auf die Welt. Daß ich entstand, hat damit zu tun, daß der Krieg fast zu Ende war. Meine Eltern waren untergetaucht: mein Vater, weil er den Arbeitseinsatz verweigert hatte, meine Mutter arbeitete in einer Untergrundorganisation und mußte eine Zeitlang damit aufhören, weil sie schon zu sehr auffiel und damit die Organisation in Gefahr brachte. Als sie begriff, daß der Krieg beinahe vorbei war, fürchtete sie, allein übrig zu bleiben, falls mein Vater doch noch in Indonesien hätte kämpfen müssen. Sie wollte ein Kind. Und so entstand ich. Als sie gerade schwanger war, heirateten meine Eltern illegal, durch die Hintertür.

1.

Habe ich Erinnerungen an den Krieg? Da war etwas mit dem Es-

* „Solidaritätsgruppen" haben das Ziel, gesellschaftliche Unterschiede zwischen Frauen aufzuarbeiten. Es gibt bislang „Solidaritätsgruppen" für schwarze und weiße, lesbische und heterosexuelle, jüdische und nicht-jüdische Frauen. Die „dominante" Gruppe (weiße, heterosexuelle, nicht-jüdische Frauen) ist in diesem Fall jeweils in der Minderheit. Es gibt auch solche Gruppen auf Klassenhintergrund, zum Beispiel mit Frauen aus der Arbeiter- oder Bauernklasse.

sen. Von meiner Mutter weiß ich, daß wir in dem Hungerwinter fast nichts zu essen hatten, und uns oft mit Kartoffelschalen und Zuckerrübenschnitzeln oder Tulpenzwiebeln behelfen mußten. Eine meiner frühesten Erinnerungen ist ein Teller voller Kartoffelpüree mit Fisch, ich muß im Kinderstuhl gesessen haben. Das Leckerste, an das ich mich erinnern kann.

Das Essen birgt noch immer Probleme für mich. Während meiner Jugend habe ich fast nichts gegessen. Später aß ich zuviel. Obwohl ich mich nicht mehr daran erinnern kann, daß es gar nichts zu essen gab, ist mir noch immer sehr bewußt, was ich auf meinen Teller bekam. Bekomme ich wohl genug? Bekommen die anderen nicht mehr? Ich ertappe mich regelmäßig dabei, wie ich mich strategisch in der Nähe von Leckerbissen postiere, ich tue es automatisch. Immer noch ängstlich, zu kurz zu kommen. Ich sehe, daß mein Sohn, als er noch klein war, denselben Reflex von mir übernommen hat, obwohl er niemals zu kurz gekommen ist.

2.

Als kleines Kind hatte ich zwei Alpträume, die immer wiederkehrten. Der eine Traum: eine Gruppe uniformierter Männer ohne Kopf drang ins Haus ein, in dem ich mich befand, und suchte mich. Wo ich mich auch versteckte, ich hörte, wie sie hinter mir herkamen. Der andere Traum: mit einer Gruppe anderer Kinder aus dem Kindergarten lief ich in einer Reihe. Dann kamen wir an zwei Tunnels. Die Kindergärtnerin sagte, wir müßten durch den einen Tunnel gehen, denn in dem anderen säßen „die Muffen" (Schimpfwort für die Deutschen). Dann gingen wir in den Tunnel hinein, ich voran, in die Dunkelheit. Plötzlich waren alle anderen Kinder verschwunden, die Kindergärtnerin war weg, und dann hörte ich sie kommen. Marschierende Männer. Das einzige, was ich von den „Muffen" wußte: Es waren marschierende Männer in Uniformen, die dich holen kommen. Diese Träume habe ich lange schon „vergessen".

3.

Kürzlich mußte ich nach Deutschland zur Buchmesse. Ich merkte, daß ich einen schrecklichen Widerwillen hatte, mit dem Zug zu fahren. Sonst sitze ich gern im Zug, aber nach Deutschland will ich mit dem Flugzeug. Ein paar Mal mußte ich aber doch fahren. Wenn der Grenzübergang kommt, erstarre ich. Männer in Uniform, die auf Deutsch befehlen: „Ausweis bitte". Jedesmal, wenn ich über die deutsche Grenze gefahren bin, habe ich schon danach geschaut, ob mein Koffer griffbereit war. Für den Fall, daß sie mich mitnehmen würden.

4.

Ich wußte zwar, daß meine Familie, ein Onkel, meine Großmutter und auch meine Mutter, im Krieg etwas unternommen hatten. Ich wußte nur nicht was. Darüber wurde nie gesprochen. Als mir bewußt wurde, daß ich noch immer etwas von der damaligen Bedrohung spürte, daß ich die Alpträume nicht ohne Grund gehabt haben konnte, wollte ich genauer wissen, was geschehen war. Vor kurzem las ich in der Tageszeitung „Het Parool" über eine Untergrundorganisation, die während des Krieges daran gearbeitet hatte, jüdische Kinder in Sicherheit zu bringen. Daß eine Studentin jüdische Kinder aus einem Waisenhaus hatte mitnehmen können, und daß ein Kommilitone von ihr diese Kinder eine Zeitlang im Haus seiner Mutter unterbrachte. Der Kommilitone war mein Onkel, die Mutter meine Großmutter.

Das Haus in Utrecht, dort bin ich geboren. Der Arzt, der dabei war, war ein untergetauchter Jude. Meine Mutter hat nie erfahren, wie er hieß.

Als ich meine Mutter fragte, was sich damals alles ereignete, wollte sie zunächst nicht darüber sprechen. Dann kamen die Geschichten langsam. Dreizehnmal kamen die Deutschen ins Haus meiner Großmutter. Meine Mutter wohnte damals in irgendeinem Zimmer und „beschäftigte" sich mit den jüdischen Kindern, neben ihrer „Arbeit" bei der niederländischen Eisenbahn. Einmal war sie dabei, als die Deutschen ins Haus meiner Großmutter eindrangen. Die Lebensmittelkarten für die jüdischen Kinder befanden sich in einer auf dem Fahrrad festgebundenen Tasche unten im Flur. „Wer sind Sie?" wurde gefragt. Übertrieben verlegen machte sie sich ganz klein im Wohnzimmer und antwortete: „Ich bin eine Freundin von Frau Meulenbelt." Sie vergaßen, ihre Tasche zu durchsuchen. Wahrscheinlich würde es dich nicht geben, sagt meine Mutter heute, wenn sie daran gedacht hätten, denn dann hätten sie „das blonde Luder", wonach sie suchten, erwischt.

Als ihr Gesicht in der Stadt zu bekannt wurde, tauchte sie unter, zusammen mit meinem Vater, der mit den anderen jungen Männern nach Deutschland zum „Arbeitseinsatz" sollte. Sie wollte ein Kind und wurde sofort schwanger. Als die Deutschen, die „Muffen", sagt meine Mutter, in das Stadtviertel kamen, wurden die jungen Männer hinter einem Fensterladen versteckt. Neben diesem Fensterladen auf einem Diwan schlief meine Mutter mit ihrem dicken Bauch. Diesen Bauch benutzte sie häufiger, beispielsweise als sie übriggebliebene Kartoffeln unerlaubt aufsammelte und dabei erwischt wurde. „Mitkommen!" sagten die Deutschen, aber sie streckte ihren Bauch so weit wie möglich heraus und sagte: „Das kann ich doch nicht." Und durfte mit ihren Kartoffeln nach Hause gehen.

Mehr Geschichten. In dem Zimmer in Soest, wo sie wohnten, konnten sie wegen des bevorstehenden Babygeschreis nicht bleiben. Zurück nach Utrecht, zu meiner Großmutter, bei der gegen Ende des Krieges manchmal zehn jüdische Kinder gleichzeitig untergebracht waren, bevor sie in Sicherheit gebracht werden konnten. Die Untergrundorganisation wurde verraten. Naiverweise hatte sie eine Kartei besessen, in der alle Adressen versteckt waren. Blitzschnell mußten alle Pflegeeltern gewarnt werden, bevor die Deutschen oder die Holländer kamen. Einmal streckte meine Mutter sich ein NSB-Abzeichen (Nationalsozialistischer Bund — Kollaborateure) an, um eins der Kinder selbst in Sicherheit zu bringen. Der kleine Max, der sie kannte, aber nichts sagte, bis sie draußen waren, und schließlich fragte: „Wo gehen wir jetzt hin, Tante Annie?"

Ich hatte eigentlich nie Angst, sagte meine Mutter. Ich erkannte nicht wirklich, wie gefährlich das war. Jeder hielt mich für verrückt, weil ich in dieser Situation ein Kind wollte: gesucht, untergetaucht, kein Geld, kein Essen, der Krieg noch nicht zu Ende. Aber eigentlich war es auch eine glückliche Zeit. Damals kümmerten sich die Menschen noch umeinander.

5.

Meine Mutter sagt, daß sie keine Angst hatte. Aber zu meinem ersten Lebensgefühl gehört auch Angst. Sie können dich holen kommen. Du wirst bedroht. Eigentlich dürftest du nicht hier sein. Eigentlich lebst du nur zufällig. Das Gefühl von Bedrohung, zu einer verfolgten Gruppe zu gehören, taucht bei allen Gewalttaten gegen Frauen wieder auf. Während meiner Ehe tauchte es wieder auf und gehörte auch zu meinem Lebensgefühl, als ich Mutter wurde. Ich mußte mein Kind beschützen, es schwebte in Gefahr. Es kostet mich Mühe, immer noch, mich in dieser Welt sicher zu fühlen.

6.

Auf der Frankfurter Buchmesse kam ein Mann auf mich zu. „Sind Sie auch so eine Männerhasserin?" fragte er. „Nein", sagte ich, „Männer hasse ich nicht, nur dumme Fragen." „Ich hoffe, daß solche wie Sie bald aussterben", sagte der Mann. Er meinte es auch so.

7.

Im vorigen Jahr nahm ich an einer großen Demonstration gegen Rassismus, Faschismus und Antisemitismus teil. Es war, als ob ich mich nach etwa zehnjähriger Beschäftigung mit Frauenunterdrückung offen genug fühlte, andere Formen von Unterdrückung sehen zu können. Ich war mit einem gemischten Gefühl dabei. Einerseits war ich froh, daß so viele Menschen gekommen waren und zum ersten Mal Gruppen zusammenarbeiteten, die vorher jeweils isoliert voneinander vorgegangen waren. Andererseits wußte ich, daß auch eine Gruppe Feministinnen teilnahm, die wahrscheinlich Ärger bekommen würde und ihn auch schon gehabt hatte: Sexismus wurde nicht in der Liste aufgeführt, Organisationen der Frauenbewegung waren gar nicht oder viel zu spät eingeladen worden, und wenn sie eingeladen waren, dann nicht, weil Sexismus auch etwas mit Faschismus zu tun hat.

Ich wollte auf dieser Demonstration nicht im Frauenblock mitgehen. Ich ging zusammen mit meiner jüdischen „Schwieger"-familie, dort gehörte ich auch hin, und diese Familie besteht nicht nur aus Frauen. Ich sah viele Feministinnen. Ich weiß noch, daß ich zu einer von ihnen sagte: „Wir geben ihnen noch fünf Jahre, um dahinter zu kommen, daß Sexismus mit Faschismus, mit Rassismus und Antisemitismus zu tun hat."

122

Intuitiv weiß ich, daß Frauenhaß und Fremdenhaß, die Angst vor dem „Anderen", sehr dicht beieinander liegen. Es gibt auch Unterschiede. Frauen kann man nicht als Gruppe ausrotten oder dorthin zurückschicken, woher sie kommen. Frauen als Gruppe besitzen kaum eine eigene Gemeinschaft, sondern leben zum größten Teil „integriert", häufig in intimen Beziehungen zu den Mitgliedern der anderen Gruppe. Das läßt die Bedrohung von Frauen verschleierter erscheinen als die von, sagen wir, Schwarzen oder Homosexuellen, die von Schlägertypen zusammengeschlagen werden.

Frauen erwischt es Stück für Stück, häufig drinnen, häufig in intimen Beziehungen, häufig geschieht es durch die Menschen, denen sie am meisten vertrauten, die nach dem herrschenden heterosexuellen Code eigentlich ihre „Beschützer" sein sollten. Es werden auch im Abendland Frauen ermordet, zum Beispiel weil sie ihren Mann verlassen und ein neues Leben beginnen wollen. Nicht nur in Indien, wo „wertlose" Frauen verbrannt, oder in China, wo jetzt wieder weibliche Babies umgebracht werden.

Wenn wir all die individuellen Fälle nebeneinander stellen, wird deutlich, daß es bei den Problemen nicht nur um Beziehungen geht, die aus den Fugen geraten sind. Aber wer stellt sie nebeneinander? Nur wer sich diese Mühe macht, kann feststellen, daß jetzt, da Frauen sich immer weniger gefallen lassen, auf der anderen Seite die Neigung zu Gewalt deutlicher wird, mehr Vergewaltigungen, mehr Inzest, mehr Kinderpornographie, mehr Gewalt in Abbildungen, in denen es angeblich um Sexualität geht. „Reg' dich nicht auf", sagt ein bedeutender Herr. „Auch Männer sind Opfer von Gewalt." „Oh", sollte ich sagen, „dann ist es gut." Und ich soll nicht mehr fragen, welche Menschen die Opfer sind. Und welche Menschen die Täter.

An welcher Gruppe seelisch kaputte Menschen sich gewalttätig abreagieren, hängt von bestimmten Faktoren ab, von der Zeit, in der sie leben, oder der Verfügbarkeit geeigneter Sündenböcke. Wir wissen, daß ein Teil des früheren Antisemitismus sich auf die Angst vor Ausländern und farbigen Menschen verschoben hat. Es sind auch nur noch wenige Juden übrig, die als Sündenbock dienen könnten. Ich „weiß", daß zwischen Antisemitismus, Rassismus und Sexismus eine Verbindung besteht. Ich weiß dies nicht aufgrund soziologischer Untersuchungen, sondern aus Erfahrung, körperlich, fast ohne Worte. Ich habe es mit Männern zu tun gehabt, die zu einer anderen Zeit Sklaventreiber gewesen sein könnten oder SSler, sich jetzt aber an einzelnen Frauen abreagieren. Das, was im Privaten geschieht, abgeschlossen vom Rest der Welt: die Zerstörung der Identität einer Person, Isolation, systematische Erniedrigung, Bedrohung, ist im Prinzip dasselbe. Zu einer anderen Zeit wäre dies gegen Juden gerichtet worden.

Ich bin nicht vorschnell darin, etwas als Faschismus zu bezeichnen. Der Begriff wird ausgehöhlt, wenn er für jegliche Form von Unterdrückung und Gewalt, für jede Form von Diskriminierung gebraucht wird. Und wenn dann Faschismus wirklich entsteht, sind keine Worte mehr dafür übrig. Es scheint mir auch verletzend zu sein für die Menschen, die ihn überlebt haben, die gesehen haben, wie die Familie deportiert wurde, daß alle übermütigen Jugendlichen, die Wände beschmieren, und jeder Pornoladen „faschistisch" genannt werden. Wirklicher Faschismus ist nicht nur verletzend, er ist tödlich.

Aber ich sehe eine Verbindung. Beispielsweise zwischen einer faschistischen Persönlichkeitsstruktur und gewalttätigen Pornos. Dazu brauche ich nicht einmal in den Tabakladen an der Ecke zu gehen, wo der Naziporno neben der Bildzeitung zum Kauf ausliegt. Ich „weiß", daß eine Mischung aus Überlegenheitswahn, Minderwertigkeitsgefühlen und Rache für das eigene, gesellschaftliche Scheitern, die sich in dem Bedürfnis, „andere" zu erniedrigen, äußert, sich im einen Fall gegen Frauen richten kann und im anderen Fall gegen Juden. Oder Türken. Oder Schwule. Ich vergesse nicht, daß es dabei Abstufungen gibt. Ich verstehe die Angst vieler Menschen, daß so etwas wieder geschehen könnte, aber ich glaube nicht, daß die Rechts-Tendenz unter den Jugendlichen dasselbe ist wie wirklicher Faschismus. Aber ich habe am eigenen Leib erfahren, daß das zugrunde liegende Prinzip, gegen welche Gruppe es sich auch äußert, dasselbe ist. Ich habe Angst davor.

8.

Ein Teil der Angst, die ich zu überwinden versuche, hat mit früher zu tun. Im Krieg kam meine Mutter noch ungeschoren davon, vielleicht weil sie eine Frau war. Bei der Besetzung der Abtreibungsklinik Bloemenhove wußte die Polizei nicht, was sie tun sollte. Wie packt man Frauen an, wenn man von seiner Mutter gelernt hat, daß man Mädchen nicht schlagen darf, wie packt man sie dann ordentlich fest bei den Händen und Füßen, wenn man sie wegschleifen muß? Ein paar Jahre später war die Scham vorbei, und bei einer Demonstration in Den Haag wurde munter mit Knüppeln auf Brüste geschlagen. Wer sich nicht mehr wie ein braves Mädchen benimmt, braucht keinen Schutz mehr zu erwarten.

Gerade weil die Angst tief in früheren Erfahrungen verwurzelt ist, den Alpträumen meiner Kindheit und Jugend, den späteren Erfahrungen mit Männern, ist sie auch übertrieben. Ich rede mir selbst ein: Nirgends auf der Welt ist es sicherer als hier, in diesem Moment. Jedoch ... Ich will mehr tun im Kampf gegen Sexismus, Antisemitismus und Rassismus. Will mehr darüber wissen, was dagegen getan werden kann, daß Menschen so werden. Auf den ersten Blick scheint diese Aufgabe so gigantisch zu sein, daß ich lieber ins Bett krieche und mir die Decke über die Ohren ziehe. Aber das haben viel zu viele Menschen viel zu lange gemacht.

FARBE
BEKENNEN

Wie die meisten Weißen, die ich kenne, habe ich mich selbst niemals als „Rassistin" betrachtet. Rassisten waren in meinen Augen immer die weißen Südafrikaner, die Leute der hiesigen Zentrumspartei und die auf dem Markt oder in der Straßenbahn, die sagen, daß Surinamer nur hier sind, um unser Kindergeld und die staatlichen Unterstützungen zu kassieren. Ich habe mich selbst immer als eine Anti-Rassistin betrachtet. Früher hätte ich den Gedanken, daß ich mich in diesem Punkt wohl noch zu verändern hätte, ganz entrüstet von der Hand gewiesen. Ich, eine Rassistin? Ausgerechnet ich, die ich doch schon als Kind bei „Onkel Tom's Hütte" so hatte heulen müssen?

Vor zwei Jahren schloß ich mich dem weißen Teil einer Gesprächsgruppe für schwarze und weiße Frauen an. Nach zehn Jahren Frauenbewegung dämmerte mir, daß Unterdrückung nicht nur von außen kommt, sondern auch etwas ist, das in uns selbst geschieht. Nachdem ich feststellen mußte, daß selbst die freundlichsten, gutwilligsten und auf dem Gebiet des Feminismus belesensten Männer nicht frei von Sexismus waren, konnte es wohl gar nicht anders sein, als daß ich als Weiße, in einer westlichen, rassistischen Gesellschaft aufgewachsen, auch beeinträchtigt sein mußte. Ich wollte gern einer Gruppe angehören, in der es den Raum und die Methoden gab, dies herauszufinden. Ich hatte auch noch einen anderen Grund. Inzwischen waren im IVABO (dem Ausbildungsinstitut für Sozialarbeiter/innen, an dem ich auch arbeite) in Anlehnung an die Frauengruppen auch Gruppen für schwarze Studenten ins Leben gerufen worden, mit denen ich besseren Kontakt bekommen wollte, und zum ersten Mal hatten sich schwarze Studentinnen für die bis zu diesem Moment ausschließlich weißen Frauengruppen angemeldet. Ich wollte lernen, wie ich die schwarzen Frauen in einer Gruppe von überwiegend weißen Frauen unterstützen konnte, und ich wollte lernen, wie ich mit weißen Frauen über Rassismus arbeiten könnte.

BOTSCHAFTEN

Ein Teil der Arbeit in den zwei Gruppen, an denen ich teilnahm, bestand darin, die eigene Geschichte in Hinblick auf Rassismus abzuklopfen. Zunächst konnte ich mich überhaupt nicht an rassistische Botschaften aus meiner Jugend erinnern. Bei mir zu Hause herrschte die Ansicht: die Hautfarbe ist nicht wichtig. Später begann ich, den Hintergrund dieser Einstellung besser zu verstehen. Ich erfuhr mehr über die Arbeit meiner Familie im Krieg, in einer Untergrundorganisation, die aufgebaut worden war, um jüdische Kinder in Sicherheit zu bringen. Meine Eltern hatten erlebt, welche Folgen die Unterscheidung in Juden und Nicht-Juden haben konnte. Ihr Widerstand dagegen lag in der Leugnung von Unterschieden. „Das tut nichts zur Sache. Wir sind alle Menschen."

Später lernte ich zu erkennen, wieviel verborgener Rassismus hinter gut gemeinten Bemerkungen aus meiner Umgebung steckte, wie etwa: „Ich habe nichts dagegen, wenn meine Tochter mit einem Neger nach Hause kommt, wenn es ein netter Junge ist." Denn wenn ich darüber nachdachte, was in meinem Milieu als netter Junge galt, war das ein Mann in einem westlichen Anzug, mit westlichem Akzent, einer westlichen Karriere vor sich und bevorzugt mit Scheitel in den krausen Haaren. Die Sorte des glattgebügelten schwarzen Mannes, die man damals schon mal in amerikanischen Spielfilmen sah. Der vielversprechende Anwalt.

Daneben baute ich mir ein Bild von den Schwarzen aus Afrika, den „primitiveren" Menschen, auf: ein bißchen kindlich, aber mit gutem Gefühl für Rhythmus. Menschen, denen „geholfen" werden mußte. Und je mehr ich nachdachte, desto mehr Bilder dieser Art tauchten auf, die ich damals doch recht kritiklos übernommen hatte. Ein bißchen dumm, ein bißchen rührend.

Schwarzer Peter.

Und noch mehr Bilder tauchten auf. Hatten wir zu Hause nicht einen Stapel Fotos von Onkel Wilhelm aus Indonesien? Ich suchte sie. Onkel Wilhelm im Tropenanzug, auf der Kaffeeplantage, daneben eine Reihe barbusiger Frauen. Ein breites Grinsen auf seinem Gesicht. Auf der Rückseite des Fotos steht: Wilhelm mit balinesischen Tänzerinnen. Andere Fotos. Weiße auf thronartigen Stühlen. Die farbigen Bediensteten ein paar Schritte dahinter, stehend. Weiße Menschen in Sänften. Farbige daneben kauernd, die Träger. Ich kann mich nicht erinnern, daß irgendwer jemals etwas dazu sagte, wenn die Fotos angeschaut wurden. Und noch mehr Fetzen. Wurde da nicht gesagt, daß wir umziehen mußten, weil die Straße so heruntergekommen war durch die Pensionen, in die immer mehr Indonesier Einzug hielten? Rassismus, unter einer dicken Schicht „Klassismus"* verborgen — das war's, was ich er-

* So wie „Rassismus" Diskriminierung aufgrund von Hautfarbe oder ethnischer Herkunft und „Sexismus" Diskriminierung aufgrund des Geschlechts ist, gibt es auch Diskriminierung aufgrund von Klassenherkunft („Klassismus").

fahren habe.

Doch das vorherrschende Gefühl, das ich in meiner Jugend entwickelt hatte, war eine große Empörung angesichts von Unterdrückung. So um die zwanzig, zu einer Zeit, als ich ohne Arbeit und auf der Suche nach einem Ziel in meinem Leben war, besuchte ich einmal ein amerikanisches Theaterstück, das von Schwarzen aufgeführt wurde. Als das Stück zu Ende war, stand ein Mann auf und erzählte etwas über die Organisation der Black Panthers in Amerika, über das kürzlich in den Niederlanden aufgebaute Solidaritätskomitee und darüber, was wir tun konnten: Informationen verbreiten, Geld für die Unterstützungsfonds sammeln. Ich meldete mich, und in den folgenden Monaten war ich fast täglich damit beschäftigt, auf Versammlungen Broschüren, Bücher und Zeitungen zu verkaufen, Filmtexte zu übersetzen (mühselig, die speziellen schwarzen amerikanischen Kraftausdrücke, im Niederländischen waren dafür doppelt so viele Worte nötig) und später: Vorträge halten.

Für den Bildungsstand des Publikums, für das wir diese Arbeit leisteten, wird sie wohl nützlich gewesen sein, sie war auf jeden Fall sehr nützlich für meinen Bildungsstand. Denn es arbeiteten auch Surinamer in diesem Komitee und klärten mich über Dinge auf, von denen ich vorher kaum etwas wußte: daß es zu jener Zeit bei den Aufständen in den schwarzen Ghettos der Vereinigten Staaten Tote gab und die Polizeieinsätze dort brutal waren; daß wir allerdings nach Rassismus und Unterdrückung schwarzer Menschen gar nicht so weit entfernt von unserer Haustür zu suchen brauchten. In Surinam waren die Niederlande Kolonialmacht, und herrschte dort heutzutage auch nicht mehr direkte Sklaverei, so waren doch immer noch ökonomische Interessen vorhanden. Rassismus war also doch näher, normaler, hier in den Niederlanden, selbst wenn es keine so spektakulären Nachrichten wie in Amerika gab.

Die Strategie der Black Panther-Partei veränderte sich. „Behaltet euer Geld nur", sagten sie, „ihr helft uns mehr, wenn ihr mit den Schweinereien in eurem eigenen Land aufräumt." Ich konnte ihnen darin nicht unrecht geben. Es erinnerte manchmal in bedenklicher Weise an die alte Wohltätigkeit, das Sammeln von Groschen und Fünfzigern: helft den armen Negerkindern. Auch hier im Solidaritätskomitee wurde immer deutlicher, daß wir für die Amerikaner nicht viel Bedeutung erlangen konnten und es lediglich sinnvoll war, Amerika als Beispiel für das zu gebrauchen, was sich hier in den Niederlanden und in Surinam abspielte.

Mir wurde immer deutlicher, daß ich als Weiße im Grunde immer nur eine Randposition einnehmen würde. Ein Black Panther konnte ich niemals werden, ich war nicht schwarz. Mir wurde zum ersten Mal klar, wie wichtig es ist, daß unterdrückte Gruppen sich selbst organisieren, selbst die Führung in die Hand nehmen, selbst definieren, wie sie sich nennen und wie und wofür sie kämpfen wollen. Ich lehnte dies nicht ab, aber ich begann damals, mich überflüssig zu fühlen. Als dann auch noch zwei (weiße) linke Gruppen begannen, sich um die Führung und die richtige Strategie des Komitees zu streiten, wurde es Zeit, auszutreten. Es störte mich auch mittlerweile, daß hauptsächlich Männer (schwarze und weiße) die Dienste übernahmen und die interessanteren Arbeiten verrichteten und die Frauen (nur weiße) hauptsächlich die Routinearbeit machten: tippen, kopieren, Briefmarken kleben. Und mit der Spannung zwischen manchen schwarzen Männern und weißen Frauen war auch nicht so einfach umzugehen. Ich erkenne nun die umgekehrte Form von Rassismus in meiner Angst, Annäherungsversuche abzuweisen, weil ich nicht den Verdacht auf mich laden wollte, schwarze Männer öde oder nicht attraktiv zu finden.

EIGENE UNTERDRÜCKUNG UND DIE ANDERER MENSCHEN

All dies geschah, als die Frauenbewegung noch in den Anfängen steckte. Für Rassismus hatten wir einen Namen. Der Begriff Sexismus mußte erst noch erfunden werden. Im nachhinein betrachtet, begreife ich, daß vieles von dem, was mir die Leidenschaftlichkeit der amerikanischen Gruppe so attraktiv erscheinen ließ, mit meiner eigenen, noch nicht bewußt wahrgenommenen Unterdrückung zu tun hatte. Ich war wütend auf die linken (weißen) (Mittelschichts-)Männer, die immer nur über (weiße) (männliche) Arbeiter sprachen, ohne darauf zu achten, was es für mich bedeutete, als alleinstehende Mutter mein Geld zu verdienen, zu studieren, mein Kind aufzuziehen und meinen Haushalt zu führen. Und dann beklagten sie sich auch noch über meine mangelnde Motivation, wenn ich auf politischen Versammlungen bei Diskussionen über Marxismus einschlief. Oder redeten verächtlich, wenn es um ihre Freundinnen oder um Frauen im allgemeinen ging. Ich identifizierte mich mit der Wut der Schwarzen über tägliche Erniedrigungen, nur wußte ich damals noch nicht, weshalb ich mich ihnen so verwandt fühlte und daß dies auch etwas mit den Erniedrigungen zu tun hatte, denen ich täglich ausgesetzt war.

Später las ich, daß sich bei der ersten Welle von Anti-Rassismus in Amerika auch viele weiße Frauen, mehr als Männer, für die Abschaffung der Sklaverei einsetzten, wie herablassend und unbewußt auch immer. Das waren häufig solche Frauen, die später feministisch wurden, die sich augenscheinlich genauso wie ich mit der Unterdrückung anderer Menschen leichter identifizieren konnten als die weißen Männer. Diese waren ja auch schließlich im Besitz der Herrschaft, sowohl über weiße Frauen als auch über schwarze Männer und gleich doppelt über schwarze Frauen.

Dann folgten Jahre, in denen ich den Rassismus beinahe „vergaß". In der Co-counselling-Bewegung habe ich gelernt, daß Menschen erst einen Blick für die Unterdrückung anderer Menschen entwickeln können, wenn sie ihre eigene Unterdrückung verarbeitet haben, wenn sie wieder stolz auf sich selbst sein können und nicht jedesmal, wenn von anderen Formen der Unterdrückung gesprochen wird, den Wunsch verspüren, laut zu rufen: „Und was ist mit mir?" Ich hatte hierfür zehn Jahre nötig. In den ersten Jahren meines Feminismus machte ich noch kein Co-counselling. Es wäre schneller gegangen, wenn ich damals gewußt hätte, was wir noch lernen mußten. Aber der Effekt bestand letztlich darin, daß ich nach diesen Jahren von selbst, ohne Druck von außen, das Bedürfnis verspürte, über die ausschließliche Betrachtung von „Frauenunterdrückung" hinauszugehen. Ich bekam einen besseren Blick für die Verschiedenheiten der Frauen untereinander. Beispielsweise für die Klassenunterschiede.

Ich hatte zwar ein mühseliges Leben hinter mir, konnte aber aus meinem „höheren" Klassenhintergrund auch einige Vorteile ziehen. Als ich die erste Phase der blinden Wut hinter mir hatte, entdeckte ich, daß auch zwischen Männern Unterschiede bestehen und daß wir es den Männern, die aufrichtig nach Wegen suchen, sich solidarisch gegenüber Frauen zu verhalten oder vom eigenen Sexismus wegzukommen, durch unser Mißtrauen nicht gerade einfach machen. Und ich begriff, daß es kein Zufall war, daß die Frauengruppen am IVABO und der größte Teil der Frauenbewegung aus weißen Frauen bestanden. Und nicht etwa, weil schwarze Frauen „hinterherhinken" oder weniger emanzipiert wären als wir Weißen. Das waren keine angenehmen, sondern manchmal sogar schmerzhafte Entdeckungen, aber ich mußte sie machen.

Über das Co-counselling habe ich außerdem gelernt, erst im Kontakt mit Schwarzen den eigenen Rassismus wirklich zu durchschauen und zu erkennen. Meine rassistischen Anteile, die ich mir unbewußt dadurch, daß ich in einer rassistischen Gesellschaft lebte, angeeignet hatte, brauchte ich, solange ich diesen Kontakt — unbewußt — vermied, nicht näher zu betrachten. Wie seltsam es eigentlich war, daß ich jeden Tag die Linie 10 bestieg, deren Passagiere ungefähr zur Hälfte aus Schwarzen, Farbigen, Hindustani oder Kreolen, Chinesen oder Indern bestand, während ich gleichzeitig keine Schwarzen zu meinem Freundeskreis rechnete, wurde mir nicht bewußt.

DIE SOLIDARITÄTSGRUPPE

Ich erinnere mich noch sehr gut daran, wie es war, zum ersten Mal zur Solidaritätsgruppe zu gehen (eine kleine Gruppe, die sich speziell mit Rassismus beschäftigen sollte), die zur Mehrzahl aus schwarzen Frauen und nur zu einem kleinen Teil aus weißen Frauen zusammengesetzt sein sollte. Ich war nervöser als gewöhnlich. Und so verlegen, wie schon lange nicht mehr. Während ich ansonsten kaum zögere, meinen Mund aufzumachen, kaute ich nun von vornherein auf jedem Wort herum. Ich merkte, wieviel Angst ich hatte, etwas falsch zu machen. Das war das erste, was ich durchschaute.

Daneben wurde ich in der gewohnten Unterrichtsgruppe damit konfrontiert, wie es sich für eine schwarze Frau anfühlt, die einzige Schwarze in einer weißen Gruppe zu sein. Ihr Mißtrauen, manchmal schweigend, manchmal ausgesprochen. Ihr begreift mich ja doch nicht, ihr wollt doch gar nichts hören, ich muß euch doch alles erklären. Das Mißtrauen war manchmal so stark spürbar, daß ich mich kaum zu nähern wagte. Doch ich hatte mir nun einmal vorgenommen, nicht kurz vor der unsichtbaren Mauer umzukehren. Jedesmal einen kleinen Schritt über meine Ängstlichkeit hinaus. Als sie einmal sagte, sie hätte mich gern zur Freundin, konnte ich es kaum glauben. Und dann merkte ich, wie groß mein Schuldgefühl ist, trotz der Tatsache, daß ich mich nicht für das, was meine Vorfahren getan haben, verantwortlich fühle, trotz der Tatsache, daß ich nie zu den „echten", den aktiven Rassisten gehört habe. Schuldgefühle. Wie viele Dinge habe ich bequemlichkeitshalber übersehen? Wie viele Möglichkeiten, Schwarze nicht allein kämpfen zu lassen, habe ich verstreichen lassen?

Während eines Co-counselling-workshops über Rassismus arbeitete ich an meinen Gefühlen gegenüber schwarzen Kollegen und anderen schwarzen Männern, die ich kannte. Denn schwarze Frauen sind eine Sache, schwarze Männer wiederum eine ganz andere. Und durch die Verwicklung von Rassismus und Sexismus wird alles noch komplizierter.

Von einem bestimmten Mann dachte ich, daß er mich als weiße, feministische Mittelschichtsfrau absolut nicht beachten würde. Und als er mich später als einen der Menschen bezeichnete, denen er wohl vertrauen könnte, war ich völlig verwundert. Und es stellte sich weiter heraus, daß er gerade dachte, ich, eine Feministin, würde ihn, einen Mann, wohl nicht beachten. Gegenseitige Distanz, gegenseitiges Mißtrauen. Als ich neben ihm zu stehen komme, zeigt sich, daß er einen Kopf kleiner ist als der große schwarze Mann, dessen Bild ich mir in meinem Kopf zurechtgelegt hatte. Und dabei begegne ich ihm schon seit einem Jahr regelmäßig. Es ist meine Angst vor seiner Wut auf die Weißen, die ihn in meinem Kopf größer und böser werden läßt, als er in Wirklichkeit ist. (Und immer wieder ziehe ich Vergleiche: Männer, die Feministinnen als blutrünstige Mannweiber betrachten – das liegt nicht so ganz weit auseinander.) Verstandesmäßig bin ich natürlich damit einverstanden, daß er wütend auf Weiße ist, auf alle Weißen, aber gefühlsmäßig habe ich schließlich doch Angst davor, daß die Wut gleich über mich hereinbricht.

Dasselbe lernte ich in der zweiten Gesprächsgruppe, wieder eine kleine Gruppe schwarzer und weißer Frauen, in der über Rassismus und die Verringerung der Kluft zwischen uns gearbeitet werden sollte. Dort hatten wir einmal einen heftigen Streit. Ich bemühe mich inzwischen aktiv darum, Platz für die Publikationen schwarzer Frauen zu schaffen, denn ich befinde mich in einer Position, in der ich dazu in der Lage bin. Aber als ich eines Tages frage, wer mit mir an einem Interview arbeiten will, schlägt mir nur Mißtrauen entgegen. Ich erkenne darin mein Mißtrauen der ersten Male wieder, als ich als Feministin darum gebeten wurde, für „gemischte" Medien zu arbeiten. Warum jetzt? Und warum früher nicht? Sind wir plötzlich in Mode? Braucht ihr ein Alibi? Braucht ihr mehr Abonnenten? Ich bin entrüstet und verletzt, als das Mißtrauen sich nun gegen mich richtet. Denn ich ging mittlerweile davon aus, sie wüßten, daß *ich* nicht so bin.

Ich bin noch immer von ihrer Bestätigung abhängig. Wieviel „Gutes" tue ich, um die Wertschätzung zu bekommen, die ich als Gegengewicht für die ganzen Schuldgefühle gerne haben möchte? Um das edle Gefühl zu haben, daß ich eine „Gute" bin? Das dringt sehr stark durch, als ich einen Brief von einer der Frauen bekomme. Sie teilt mir mit, daß sie sich, gerade weil sie davon ausgeht, daß ich meinen Rassismus abzulegen versuche, von mir ausgenutzt fühlt. Weil ich sie an erster Stelle als Schwarze brauche und erst an zweiter Stelle in ihr die Person sehe, die sie ist. Es ist schmerzlich, so etwas zu hören, aber ich glaube, daß sie recht hat. Sie schickte mir einmal ein Gedicht von Pat Parker: „An die Weiße, die meine Freundin sein will. Als erstes: vergiß, daß ich schwarz bin. Zum zweiten: vergiß nie, daß ich schwarz bin."

Ich habe in diesem Artikel nicht über die inhaltliche Einsicht, die auch größer geworden ist, gesprochen. Allein schon durch die Tatsache, daß eine schwarze Frau in der Unterrichtsgruppe sitzt, begann ich als Dozentin über alles, was ich sagte, nachzudenken. Eigentlich sollte sich diesem Artikel noch ein weiterer anschließen und zwar darüber, wie wir lernen, die Unterschiede zwischen schwarzen und weißen Frauen zu sehen, denn es wurde mir bewußt, wie häufig wir von einem „Allgemeinheitsmythos" ausgehen, wie häufig wir glauben, im Namen „der Frauen" zu sprechen, während es doch nur um weiße Frauen geht. Beispielsweise wenn wir mit unseren neuen BOM-Frauen (Bewußt ledige Mütter) ankommen, während viele surinamische Frauen bereits eine lange Geschichte als Frauen, die allein für Kinder sorgen müssen, hinter sich haben. Oder wenn ich merke, daß viele weiße Feministinnen bewußt oder unbewußt denken, schwarze Frauen seien „noch nicht so weit", wenn diese lieber in einer Gruppe mit schwarzen Männern arbeiten als in einer Gruppe mit weißen Frauen. Ohne zu begreifen, daß schwarze Frauen hierfür einen guten Grund haben könnten. Solidarität mit Männern aufgrund gemeinsamer Unterdrückung, die wir als Weiße noch nicht erkennen können. Eine doppelte Loyalität. Das zeigte sich, als in Bijlmer eine weiße Frau einen schwarzen Jugendlichen erschoß, der ihr die Tasche hatte stehlen wollen. Eine schwarze Frau identifiziert sich nicht nur mit der bedrohten Frau, sondern begreift, daß der Junge auch ihr Bruder hätte sein können oder ihr Sohn.

Anfangs fand ich die Auseinandersetzung mit dem Rassismus nicht einfach. Ich wurde nicht selten mit mir selbst konfrontiert.

Merkwürdigerweise ist es bequemer, sich hinter der eigenen Unterdrückung zu verschanzen. Als Unterdrückte, als Frau, als Feministin habe ich selbstverständlich recht. Und indem ich mich mit Rassismus auseinandersetze, stehe ich plötzlich auf der „falschen" Seite. Aber dem Bemühen, rassistisches Verhalten abzulegen, liegt nicht allein Betrübnis, Schuld und Buße zugrunde. Ich finde es wirklich spannend, die Welt einmal von einer anderen Seite zu betrachten, empfinde es als ein schönes Gefühl, die Hindernisse zwischen Menschen wegzuräumen und zu merken, daß wir trotz der Unterschiede zueinander finden können. Wir können hinterher sogar darüber lachen, über den Unsinn des Rassismus. Jedenfalls sieht meine Welt nun im wahrsten Sinne des Wortes farbiger aus als vorher.

RASSISMUS IST EIN VON WEISSEN GESCHAFFENES PROBLEM

Nach dem Vorangegangenen könnte es so aussehen, als faßte ich den Kampf gegen Rassismus nur als einen individuellen Bewußtwerdungsprozeß auf. Das ist natürlich nicht so. Denn Rassismus ist auch eine gesellschaftliche, eine strukturell verankerte Gegebenheit, die man nicht dadurch verändern kann, daß man sich in einer Selbsterfahrungsgruppe zusammensetzt. Ich betrachte die Arbeit in Gesprächsgruppen zusammen mit anderen Weißen als unterstützende Maßnahme für die Arbeit außerhalb: aktiv antirassistisch handeln, in der Öffentlichkeit, in Aktionsgruppen, aber auch im täglichen Leben, in der Straßenbahn, in Geschäften, gerade in den Momenten, in denen ich so häufig das Gefühl hatte, etwas tun zu müssen, ohne zu wissen, was. Ich sähe es nicht so gern, wenn die Arbeit in den Gesprächsgruppen *anstelle* der Aktivitäten außerhalb stattfänden, aber ich glaube, daß für eine Weiße der eigene Bewußtwerdungsprozeß nötig ist, um diese Aktivitäten wirkungsvoller durchführen zu können, um nicht aufgrund von Angst oder Schuldgefühl falsch zu reagieren, um nicht wieder autoritär gegenüber Schwarzen zu sein. Und um nicht aus einem vermeintlichen Überlegenheitsgefühl heraus gegenüber Weißen, die „noch nicht so weit sind", zu reagieren und dabei zu vergessen, daß wir es auch erst lernen mußten und Unterstützung dabei mehr half als Strafe.

Eine schwarze Frau brachte mir den Unterschied zwischen aktivem und passivem Rassismus bei. Passiver Rassismus ist, wenn ich nichts tue, Diskriminierung weiter bestehen lasse, indem ich mich nicht dafür verantwortlich fühle. Das kann sich hinter einer progressiv scheinenden Einstellung verbergen, nach der Schwarzen „zugestanden" wird, eigene Gruppen zu bilden, eigene Organisationen aufzubauen, aber wenn, dann ohne Unterstützung. Und in der Zwischenzeit denkt man nur, daß das Problem damit aus der Welt ist. Das erinnert sehr stark an die Einstellung vieler Männer, die glauben, daß sie nichts mehr zu verändern brauchen, wenn sie es nur gut finden, daß „ihre" Frau Frauenbildungskurse besucht.

Mit der Schilderung meines eigenen Bewußtwerdungsprozesses wollte ich aufzeigen, daß auf seiten der Weißen die Loslösung vom Rassismus nicht nur eine Frage der richtigen Informationen oder der richtigen Ansichten ist, sondern auch die eines anderen Verhaltens. Weil wir Rassismus bereits als Kinder gelernt haben, ohne ihn zu begreifen und häufig eher durch Vorbilder als durch Übernahme von Meinungen, erscheint es auch nicht merkwürdig, daß er nicht allein durch den Versuch, alte Meinungen durch neue zu ersetzen, abzulegen ist. Es ist ein emotionaler Prozeß, neben dem Erwerb von Einsicht.

Ich halte es noch immer für eine wichtige politische Erkenntnis, daß unterdrückte Gruppen sich selbst organisieren müssen. Gäbe es die Frauengruppen und die schwarzen Gruppen nicht, wäre der Prozeß, in dem wir uns jetzt befinden, nicht in Gang gekommen. Aber inzwischen sehe ich auch die Einschränkungen. Denn wenn wir es uns zu einfach machen und uns darauf verlassen, daß die Frauen die Frauenprobleme lösen und die Schwarzen etwas gegen ihre Unterdrückung unternehmen werden, dann vergessen wir, daß Sexismus nicht von Frauen und Rassismus nicht von Schwarzen geschaffen worden ist. Auch außerhalb der Frauengruppen muß vieles passieren, die Männerwelt muß sich ändern. Und wir müssen uns ändern. Sonst schaffen wir neue Ghettos, subventioniert und mit progressiv klingenden Namen.

kein Erlebnis verlieren
fotografieren

WAS WOLLEN WIR MIT MÄNNERN?

WAS WOLLEN WIR VON MÄNNERN?

Für die Juli/August-Ausgabe der Zeitschrift „Serpentine" soll ich einen Artikel über Männer schreiben. Was wollen wir als Feministinnen von ihnen? Ich komme damit nicht klar, zu viele Gedanken schwirren mir gleichzeitig durch den Kopf, in die ich keine Ordnung hineinbekomme. Noch bevor sich der tote Punkt nähert, entschließe ich mich für eine andere Lösung. Ein Interview. Ich frage meine Freundin Petra de Vries, ob sie Lust dazu hätte, sich ans Tonbandgerät zu setzen und mir kritische Fragen zu stellen.

Der folgende Artikel ist das Ergebnis dieses Gesprächs. Er erschien 1982.

Was wollen wir als Feministinnen nun eigentlich von Männern? So nach und nach fangen wir in der Frauenbewegung an, darüber nachzudenken. Was wollen wir mehr, als daß Männer in Privatbeziehungen die Hälfte der Hausarbeit übernehmen und für die Kinder sorgen? Was wollen wir mehr, als daß männliche Politiker einsehen, daß auch sie über feministische Fragen nachdenken müssen? Was wollen wir mehr, als daß Männer mit feministischen Aktionen solidarisch sind?

ANJA: In dem kleinen Teil der Frauenbewegung, dem ich angehörte, in den Gesprächsgruppen, haben wir schrecklich viel über Männer geredet. Bis es mir wirklich zum Hals heraushing. Bis wir uns überlegten: Sind wir nun eigentlich in der Frauenbewegung, um unsere Zeit so zu verbringen, wie wir sie immer verbracht haben, mit unseren Beziehungen? Dann begann eine Phase, in der wir damit aufhörten, die „Männerfrage" kam etwas aus der Mode.

Indem das Nachdenken über Männer auf diese Art zurückgedrängt und so zu einem Privatproblem wurde, dachten wir nie mehr laut darüber nach, was wir nun eigentlich von Männern erwarten. Nicht so sehr in unseren Privatbeziehungen, aber als Frauenbewegung. Es wurde eine individuelle Entscheidung: „Machst du ‚es' noch mit Männern oder nicht? Arbeitest du mit Männern in einer gemischten Gruppe oder nicht? Eine Gewissensfrage. Es gab zwar lesbische Gruppen, die es als politisches Problem ansahen, wenn du eine Liebesbeziehung mit einem Mann hattest. Aber auch dort blieb es eine Gewissensfrage. Die Frage, was wir von Männern fordern, wurde kaum gestellt.

PETRA: *Stimmt es wirklich, daß damals keine Forderungen an Männer gestellt wurden? Wir hatten doch aber Erwartungen?*

ANJA: Es wurde schon viel gemeckert, zum Beispiel darüber, daß du, wenn du in der Gewerkschaftsbewegung aktiv bist, immer wieder mit Männern aneinandergerätst, und wie schwierig es ist, sie zu verändern.

PETRA: *Aber wir wollten doch auch schon damals, daß sie einen Teil der Kinderbetreuung übernehmen.*

ANJA: Das stimmt. Aber das geschah sehr wenig systematisch. Viele Frauen meinten damals doch, wenn sie beschließen, für Männer keine Energie mehr aufzubringen, sei das Problem gelöst. Im ganz Extremen war das der Bums- und Gebärstreik. Und auf der anderen Seite gab es eine große Gruppe Frauen, der diese Vorstellung ein Graus war und die sagte: Trotz allem müssen Männer und Frauen es aber gemeinsam schaffen. Beide Denkweisen führten zu keinen Lösungen. Wenn du beschließt, ich verwende meine Energie nicht mehr für Männer, dann hast du es zwar für dich persönlich erst einmal gelöst, aber du denkst nicht darüber nach, was auf die Dauer geschehen soll. Dieses vereinfachende radikalfeministische Denken: streiken und keine Kinder mehr bekommen, zeigt nicht auf, was mit den Männern passieren muß. Es sei denn, du willst sie auf die Insel Rottumeroog verbannen. Und auch das Denken, bei dem du davon ausgehst, daß Männer und Frauen alles zusammen machen müssen, führt nicht weiter: Denn dann leugnest du einfach, daß Männer eine andere Position als Frauen haben und somit auch eine andere Arbeit leisten müssen als wir. Wenn du die Frauenbewegung auf das hin abklopfst, was Männer unternehmen müßten, wie sie sich verändern sollten, was wir von ihnen wollen, findest du sehr wenig. Es sind hauptsächlich Anklagen, keine Vorschläge, wie es weitergehen soll. Gewiß verständlich, es spielen da viele Gefühle der Hoffnungslosigkeit und Ohnmacht der Frauen mit hinein, die in ihren privaten Beziehungen versucht hatten, Männer zu verändern. Und es gab auch viele Frauen, die, so wie ich, ein ungeheuer starkes Bedürfnis danach hatten, sich vorläufig nicht mehr mit Männern zu beschäftigen, sondern mit den Beziehungen untereinander und dem Aufbau der Frauenbewegung. Ich habe Jahre gebraucht, ein festes Selbstwertgefühl als Frau aufzubauen und andere Frauen schätzen zu lernen.

Ich habe dann auch jahrelang überhaupt nicht mehr darüber nachdenken wollen, was in der Zwischenzeit mit Männern passierte.

PETRA: *Es stimmt, daß darüber kaum irgendwo etwas steht. Aber wir machen auch kein Geheimnis daraus, was wir als Feministinnen über Männer denken, das dürfte sich mittlerweile herumgesprochen haben. Und wir machten doch auch eine recht nette Analyse der Macht der Männer, die Analyse des Patriarchats.*

ANJA: Wir haben zwar viel darüber nachgedacht, was mit Männern los ist, und die Analyse ist auch viel tiefgehender als am Anfang. Aber das sagt noch nicht soviel darüber aus, was wir von ihnen wollen und wie wir das zu erreichen gedenken. Und schließlich kommt doch auch Material aus den Männergruppen. Ich war am Anfang ungeheuer glücklich über Männergruppen, vor allem weil ich damals die Vorstellung hatte, daß sie nun auch mal selbst etwas über sich herausfinden müßten. Und es schien mir auch sehr vielversprechend, daß sie etwas weniger an uns klebten und dafür etwas mehr miteinander machten. Der springende Punkt dabei ist nur, daß wir inzwischen gesehen haben, daß, wenn Männer anfangen, sich in einer Gruppe zusammenzusetzen, dort nicht automatisch die gleichen Dinge geschehen wie in den Gesprächsgruppen von Frauen. Es findet nicht die gleiche Bewußtseinsentwicklung, nicht die gleiche Politisierung statt. Und ich sehe zwar recht nette Anfänge, aber lange nicht alles, was aus den Männergruppen kommt, finde ich so wunderbar. Und ganz davon abgesehen, merke ich auch, daß zwar viele Männer gern etwas machen würden, aber dabei doch ins Schwimmen kommen, noch nicht wissen, wie. Zum Beispiel der Streiktag. Damals gab es eine Menge solidarischer Männer, die etwas tun wollten. Aber was überlegen sie sich? Brote schmieren und in Kindergärten aufpassen. Wirklich nett gemeint. Aber es saßen manchmal sogar fünf Männer da und paßten auf *ein* Kind auf. Weil sie sich doch nicht wirklich Gedanken darüber gemacht hatten, wie sie als Männer die Frauenbewegung anders hätten unterstützen oder solidarisch sein können. Sieh mal, daß wir gern möchten, daß Männer etwas mit Kindern machen, diese Botschaft war anscheinend doch zu ihnen durchgedrungen. Aber darüber hinaus gibt es nur noch ein paar vereinzelte Initiativen.

PETRA: *Wenn Männer lernen müssen, was Sexismus ist, dann werden sie das doch von uns lernen müssen.*

ANJA: Genau. Eine Zeitlang hatte ich dazu überhaupt keine Lust. Ich hatte sehr viele Widerstände, die ich bei anderen Frauen auch entdecke. Rachegefühle, so in der Richtung, wer nicht hören will, muß fühlen ... Nun fühl aber mal, wie das ist, wenn du es ohne Frauen machen sollst und dabei keine Unterstützung erhältst. Ein anderer Widerstand war die Angst, in alte Muster zurückzufallen und wieder anzufangen, Männer zu bemuttern. Der alte Einbahnstraßenverkehr. Wir sind als Frauen daran gewöhnt, diejenigen zu sein, die die meiste Energie in das Aufrechterhalten einer Beziehung stecken, und zu Recht haben viele Frauen davon die Nase voll.

PETRA: *Ich habe auch sehr lange versucht, Männer zu verändern. Und nun denke ich: Jetzt will ich einen, der fertig ist.*

ANJA: Ich auch. Aber worum es geht ist, daß früher die ganze Arbeit, Männer zu verändern, in den Liebesbeziehungen steckte. Das liegt auch auf der Hand, denn in welcher anderen Situation hattest du genügend Einfluß auf einen Mann? Und in welchen Situationen hatten Männer ein Interesse daran, sich zu verändern? Doch nur in den Beziehungen, die sie nicht verlieren wollten. Aber das hat auch bedeutet, daß wir uns selbst ordentlich weh getan haben. Denn Liebesbeziehungen sind nicht nur für die Erziehung der Männer da, sondern auch für uns selbst. Und wenn wir nicht genausoviel zurückbekommen, dann werden wir auf die Dauer verbittert und bösartig. Das ist auch mit einer Menge Frauen passiert. Ich meine also, daß wir nicht nur, beziehungsweise nicht in erster Linie die Liebesbeziehungen als den Ort betrachten müssen, an dem wir das meiste tun können, wenn wir Männern auf die Sprünge helfen wollen. Meine besten Erfahrungen habe ich auf jeden Fall in gemischten Gruppen gemacht, mit Männern, die wirklich etwas verändern wollten, aber an denen ich weiter kein so großes Eigeninteresse hatte, von denen ich weder ökonomisch noch emotional abhängig war. Und solche Männer gibt es auch. Wir brauchen nicht sofort mit den Schwierigsten anzufangen. Und ich möchte erreichen, daß diese Männer etwas dafür tun, andere Männer zu verändern. So daß wir nicht mehr das hoffnungslose Gefühl haben, die ganze Arbeit allein machen zu müssen.

Es gibt wirklich Männer, die hören wollen, was wir zu sagen haben. Ich kann das mit meinen eigenen Erfahrungen in der Auseinandersetzung mit dem Rassismus vergleichen. Ich verstand als Weiße auch nicht wirklich, wie tief Rassismus sitzt, wie schlimm das, was er mit Menschen macht, wirklich ist. Bis schwarze Menschen es fertigbrachten, mir zu erzählen, wie Rassismus sich aus ihrer Sicht darstellt und was sie von uns verlangen, was wir unternehmen sollen. Mir hat das ungeheuer geholfen. Manchmal war es sehr peinlich, aber trotzdem, wenn ich Anti-Rassismus ernst nehme, dann bekomme ich auch Dinge über mich selbst zu hören, die nicht so schön sind. Aber ich war wohl auch so weit. Und genauso gibt es Männer, die auch so weit sind. Aber dann müssen wir wohl über unsere alten Gefühle der Rache und Feindseligkeit und über das Gefühl, daß wir es wieder sind, die die Arbeit machen müssen, hinwegkommen.

PETRA: *Aber es gibt doch feministische Bücher, die könnten sie dann doch lesen?*

ANJA: Das geschieht ja auch, aber es ist noch lange nicht gesagt, daß du darin das findest, was du als Mann zu tun hast. Vor allem dann nicht, wenn du es nur als Anklagen und Beschuldigungen liest, wie gerechtfertigt diese auch weiter sein mögen.

PETRA: *Das stimmt. Ich habe oft gemerkt, daß Männer sich dadurch angegriffen fühlten und daß es dann doch die Angst vor Frauen, beziehungsweise die Angst, Frauen zu verlieren, verstärkte und sie dann anfingen, nur noch zurückzuschlagen.*

ANJA: Das ist auch das Unbequemste: Da wir wissen, daß eine Analyse allein Menschen nicht verändert, verlange ich wirklich, daß Männer herausfinden, wo ihr eigener Sexismus sitzt, was er in ihnen bewirkt hat. Sie sollen nicht glauben, daß sie fertig sind, wenn sie feministische *Auffassungen* übernehmen. Denn wir kennen natürlich genügend Männer, die artig die richtigen Auffassungen übernommen haben, aber gleichzeitig Angst vor starken Frauen bekommen haben oder bösartig und ängstlich werden, wenn du sie nicht mehr bemutterst und deinen eigenen Weg gehst, also Männer, die zu einem bestimmten Zeitpunkt unberechenbar werden.

PETRA: *Bevor wir weitergehen, sehe ich doch ein Problem bei der Veröffentlichung dieser Geschichte. Wie kannst du es verhindern, daß deine Äußerungen dazu benutzt werden, zu sagen: Die Männer sind doch nicht so schlecht, wie wir dachten. Wir können ruhig wieder anfangen, mit ihnen zusammenzuarbeiten.*

ANJA: Das finde ich auch problematisch. Denn ich habe nicht so große Lust, dazu benutzt zu werden, Frauen zur Zusammenarbeit mit Männern zu zwingen. Ich möchte auch nicht, daß es so aufgenommen wird wie das Altbekannte „Männer und Frauen sind doch beide Menschen, also müssen wir uns doch zusammenraufen."
Die alte Angst der Frauen, Männer zu verlieren. Das ist die Phase davor. Ich habe Jahre gebraucht, mich von Männern zu befreien, auf eigenen Füßen zu stehen, meine Beziehungen zu anderen Frauen zu entwickeln. Ich glaube, daß die meisten Frauen solch eine Phase ungeheuer nötig haben. Damit sie an ihre Wut herankommen und erkennen, was alles zerstört worden ist. Diese Phase habe ich jetzt hinter mir, und ich bin viel stärker als vorher. Und ich will auf keinen Fall wieder zu der alten Abhängigkeit zurück. Es ist nicht dasselbe wie „Mutter ist ein Weilchen böse gewesen, aber jetzt ist sie wieder gut, Jungs." Überhaupt nicht. Es ist eine andere Ausgangslage. Ich glaube, daß ich allmählich nicht mehr täglich durch das, was ich Männer machen sehe, zu verletzen bin. Ich bin stärker als früher. Und was ich jetzt will, ist, die Fäden selbst in die Hand zu nehmen. Ich finde, es reicht nicht mehr aus, daß wir als Frauen andere Frauen anleiten und es in der Zwischenzeit den Männern überlassen, was sie machen. Ich will auch Einfluß auf das haben können, *was* sie tun. Das kann ich liebevoll und unterstützend tun, aber ich kann mich nicht mehr unterordnen. Ich habe ein Interesse daran, *daß* Männer sich verändern, und darüber hinaus habe ich ein Interesse daran, *wie* sie sich verändern. Und ich bin in der Lage, ihnen dabei zu helfen. Warum nicht? Das kostet Energie, aber es ist eine andere Art Energie als die, die ich früher in Männer steckte, um ihr Ego aufzupäppeln, damit sie wieder weitermachen konnten wie bisher. Und es ist auch eine andere Art Energie als die, verzweifelt zu versuchen, in einer Beziehung eine Gleichwertigkeit aufzubauen. Jetzt gehe ich schon von der Gleichwertigkeit aus. Und mehr als das: Ich gehe davon aus, daß ich mit meinen Erfahrungen Männern etwas zu geben habe. Sie können etwas von mir lernen. Und das ist ein völlig anderes Gefühl.

PETRA: *Bekommst du dann nicht wieder die alte Geschichte zu hören, daß die „Unterdrücker" von neuem glauben, daß wir schon wieder ankommen werden?*

ANJA: Wenn du damit die Widerstände meinst, die Frauen haben, mit Männern zu arbeiten, wir hatten ja schon ein paar genannt, dann ist dies noch ein weiterer: Das alte Gefühl, daß wir wieder diejenigen sein müssen, die den ersten Schritt machen. So wie meine Mutter sagte: „Kind, jetzt sei du mal die Vernünftigere." Müssen wir wieder die Vernünftigeren sein? Aber andererseits, welches Interesse habe ich daran, in dieser Bitterkeit steckenzubleiben? Wenn ich sehe, daß es davon nicht besser wird. Wir meinen noch zu oft, daß sich allein durch die Tatsache, daß wir *recht* haben, etwas ändern wird. Aber wir können noch bis in alle Ewigkeit beweisen, daß wir recht haben und darauf warten, daß die anderen daraus etwas machen. Wir können auch sagen, es ist eine Schande, daß immer die „Unterdrückten" am härtesten arbeiten müssen. Aber ganz gleich, wie gerechtfertigt dies auch sein mag, wir müssen anfangen! Die Kunst, die wir entwickeln müssen, ist, wie wir mit Männern arbeiten können, wie wir ihnen bei ihren Veränderungsprozessen behilflich sein können, ohne dabei selbst in alte Strukturen zurückzufallen, ohne selbst wieder daran kaputt zu gehen und mehr zu geben, als wir zurückbekommen.

Was mir dabei hilft, jetzt, wo ich über die erste blinde Wut hinweg bin, ist, daß ich beginne, stärker die Verletzungen, die Männern zugefügt worden sind, wahrzunehmen. Ich sehe zwar auch, daß damit für Männer gesellschaftliche Vorteile verbunden sind, die sie nicht so ohne weiteres aufgeben werden, aber ich sehe auch, daß es schmerzhaft ist, zum Handlanger für ein Frauen unterdrückendes System gemacht zu werden. Früher sah ich das viel weniger, und ich wollte es auch gar nicht sehen. Denn wenn du zu begreifen versuchtest, was Männer dazu treibt, so mit Frauen umzuspringen, sah es aus, als würdest du dir Entschuldigungen für sie ausdenken. Natürlich muß die Unterdrückung aufhören. Aber *mittlerweile* ist es sinnvoll, zu sehen, was an Männern verkorkst worden ist. Zumindest dann, wenn du nicht davon ausgehst, daß Männer von Natur aus Unterdrücker sind, und davon gehe ich nicht aus. Ich begegne in der Regel natürlich Männern, die nicht so entsetzlich gepanzert sind. Einzelne Männer, die wirklich Mut haben, dem, was mit ihnen passiert ist, nachzuspüren. Ein Beispiel: Ein Mann, der sich an die Momente zu erinnern versucht, in denen er zum Handlanger der Frauenunterdrückung gemacht wurde. Zum Beispiel, indem er von anderen Jungen schikaniert wurde, weil er gerne mit einem Mädchen spielte. Und dann das Mädchen aufzugeben, mitzubekommen, wie seine Mutter vom Vater geschlagen wird, und sich zu klein vorzukommen, um dazwischenzugehen. Die kleinen Niederlagen, der Verlust der Menschlichkeit. Ich habe bei Männern wirklichen Kummer gesehen, keine Krokodilstränen, sondern echte Trauer darüber, was ihnen angetan wurde, wie sie gelernt hatten, sich anzupassen, und zu welchen späteren Gefühllosigkeiten das bei ihnen geführt hat. Und zu welcher Angst vor anderen Männern. Das dürfen wir auch nicht unterschätzen. Nicht nur wir haben Angst vor Männern, Männer selbst auch. Nicht umsonst brauchen so viele Männer Frauen so dringend. Ich habe zum Beispiel miterlebt, wie ein Mann, der ernsthaft beschlossen hatte, Unterdrückung, wo immer sie ihm auch begegnet, nicht mehr zu tolerieren, dazwischenging, als er sah, daß auf der Straße eine Frau geschlagen wurde. Obwohl er überhaupt kein Schlägertyp ist und einen Kopf kleiner war und die Frau, um die es ging, sich auch noch gegen ihn stellte. Dieser Mann hat wirklich Blut und Wasser geschwitzt, und er hat es wirklich zu sich durchdringen lassen, daß sein Gefühl der Machtlosigkeit, etwas an der Unterdrückung von Frauen zu ändern, auch mit seiner Angst zu tun hat. Der Haß der Männer untereinander ist nicht gering. Wir brauchen wirklich nicht zu glauben, daß wir als Feministinnen die einzigen sind, die unter diesem Männerhaß zu „leiden" haben. Ich will, daß Männer wirklich an ihren alten Feindseligkeiten gegenüber Frauen arbeiten, denn die haben sie ohne Zweifel auch. Das Mißverständnis liegt darin, daß sie schlechte Erfahrungen mit Müttern oder Freundinnen oder Ehefrauen oft Unterdrückung nennen, ohne zu untersuchen, was alles dahintersteckt. Und ich möchte gern, daß sie an den Beziehungen der Männer untereinander zu arbeiten anfangen.

Natürlich ist solche Arbeit nicht so ohne weiteres zu leisten, jedenfalls nicht auf einer normalen Gewerkschaftsversammlung. Wir werden mit den Männern, die das wollen, beginnen müssen. Was ich will? Daß sie sich ihre eigenen Erfahrungen anschauen, vor allem ihre Erfahrungen als Kinder, die Momente, in denen sie gelernt haben, wie sie Frauen zu behandeln haben. Und weiter meine ich, daß es wichtig ist, daß sie sich ihre eigene Unterdrückung ansehen. Nicht, daß sie als Mann unterdrückt sind, aber zum Beispiel in ihrer Arbeitssituation, oder weil sie einer anderen unterdrückten Gruppe angehören, weil sie Surinamer sind oder Juden oder einer unterdrückten Klasse angehören.

Ich glaube, daß viele Dinge, die sie als Kind als unterdrückend erfahren haben, sich später, wenn sie erwachsen sind, wiederholen, in einer Arbeitssituation zum Beispiel, und daß sie gelernt haben, diese Frustrationen an Frauen abzureagieren. Ich meine das nicht als Entschuldigung, wenn ich sage, daß auch Männer unterdrückende Erfahrungen gemacht haben, die sie an Frauen abreagieren. Denn damit müssen sie natürlich aufhören.

PETRA: *Das klingt ein bißchen nach der alten Theorie von dem Kapitalisten, der den Arbeiter unterdrückt, der Arbeiter schlägt dann seine Frau, und die Frau schlägt die Kinder.*

ANJA: Ich glaube, daß es zum Teil auch so stimmt.

PETRA: *Das glaube ich nicht. Meine Frustrationen reagiere ich doch auch manchmal an Frauen ab ...*

ANJA: Damit mußt du aufhören. Das ist wieder unsere verinnerlichte Unterdrückung. Frauen sind die Sündenziegen, für Männer, aber auch füreinander. Wir schlagen keine Männer, denn die schlagen zurück. Wir schlagen lieber aufeinander ein, das ist weniger gefährlich. Alle unterdrückten Gruppen neigen dazu. Wir auch.

Ich will nicht behaupten, daß Männer *nur* unterdrücken, weil sie es in ihrem Beruf so schlecht haben, denn das würde ja bedeuten, daß Männer, die im „weichen" Sektor arbeiten, automatisch sehr viel netter sein müßten als Männer mit einem „harten" Beruf. Ich sehe natürlich schon, daß die Chancen zur Veränderung bei Männern, die es sich in ihrem Beruf erlauben können, größer sind. Die nicht auch noch von ihren Kollegen ausgelacht oder schikaniert werden, wenn sie wegen der Kinder zu Hause bleiben oder bei sexistischen Witzen nicht mitlachen oder sich nicht das Pornoheft, das in der Mittagspause herumgeht, schnappen. Wenn du Verständnis dafür zeigst, daß der Prozeß, den Männer durchlaufen müssen, auch nicht so einfach ist, und du erkennen läßt, daß du diesen unterstützen willst, wird dir viel mehr Offenheit entgegengebracht, als du erwartest. Unsere alte Strategie, „wer nicht hören will, muß fühlen" ist ein wichtiger Schritt gewesen, um aus der passiven Ohnmacht, in der wir uns befanden, herauszukommen. Wütend zu werden, ist ein Stück gesünder, als es zuzulassen, daß auf dir herumgetrampelt wird. Aber wir können noch weiter. Sieh mal, gerade weil wir als Frauen immer verantwortlich für das Glück der Männer gewesen sind, kennen wir doch genau ihre Schwachstellen. Als Feministinnen war es oft unser Bedürfnis, Männer in ihren schwachen Punkten zu treffen. Das kann sehr befriedigend sein, wenn du sehr erbittert bist, aber auf die Dauer bringt es nichts ein. Es verändert Männer nicht wirklich, wenn es uns gelingt, sie zu erniedrigen. Wenn ich einen Mann beleidigen kann, der sich mir gegenüber sexistisch verhält, weil ich mich zum Beispiel weiterentwickelt habe als er, dann komme ich mir einen Augenblick lang vielleicht sehr mächtig vor, aber bei der nächsten Frau ist er noch feindseliger, als er es sowieso schon war. Ich habe letztlich nicht viel davon, wenn es mir gelingt, ihn einige Nummern kleiner zu kriegen, außer in Situationen, in denen ich buchstäblich bedroht werde. Wenn ich will, daß Männer sich von selbst auf den Weg machen, den Sexismus anderer zu stoppen, dann ist es mir lieber, wenn er einige Nummern größer ist. Es nützt mir nichts, wenn Männer anfangen, die Verhaltensmuster von Frauen zu übernehmen, wenn sie anfangen, unsere Unterdrückung zu imitieren und sich auch hilflos und ohnmächtig zu verhalten. Ich glaube, daß es uns nicht hilft, wenn sie anfangen, sich schuldig zu fühlen. Schuldgefühl lähmt, das wissen wir. Ich möchte, daß sie ihren Teil der Verantwortlichkeit auf sich nehmen und den Kampf gegen den Sexismus nicht nur uns allein überlassen.

PETRA: *Ich habe selbst eine Menge Männer beobachtet, die aus der Frauenbewegung zwar Dinge aufgeschnappt hatten, aber danach angefangen haben, sich klein zu machen. Es ist etwas Seltsames mit den Männern passiert, die sich für den Feminismus interessiert haben.*

ANJA: Wir brauchen es nicht abzustreiten, daß wir es vielen Männern nicht leicht gemacht haben, ihre Solidarität aufrechtzuerhalten. Das ist verständlich, angesichts der vielen Wut, die wir unser ganzes Leben lang in uns aufgestaut haben. Wir haben natürlich den Wunsch gehabt, bei der erstbesten Gelegenheit, die sich ergab und sicher genug für uns war, so daß wir uns trauten, diese Wut über jemanden auszuschütten. Das machen wir untereinander, und das ist nicht so schlau. Aber wir machen das auch bei Männern, die nahe genug an uns herankommen, um ihnen voll eins draufgeben zu können. Die wirklichen Scheißtypen, die erreichen wir damit noch nicht einmal. Ich glaube, daß eine Zeitlang die Männer, die mir am nächsten gestanden haben, auch bloß *einen* Fehler zu machen brauchten, um die ganze Ladung abzubekommen, die für alle ihre Vorgänger mitbestimmt war. Aber ein einzelner Mann kann auch nichts dafür, daß wir jahrhundertelang unterdrückt worden sind. Was er machen kann, ist, seinen Teil der Verantwortlichkeit selbst zu tragen. Ohne Schuld. Es würde schon etwas nützen, wenn Männer begriffen, was abläuft, wenn Frauen zum ersten Mal ihre Wut herauslassen. Ich habe viel dabei gelernt, als Weiße mit farbigen Menschen zusammenzuarbeiten.

Ich habe auch schon mal eine Portion Wut abbekommen, die eigentlich Haß auf *alle* Weißen war. Dann kannst du weglaufen und Lärm schlagen und sagen, daß es ungerecht sei, denn du seist nicht so. Und du kannst dich selbst klein machen und dich ganz krank fühlen und rufen, wie schrecklich wir doch alle sind und daß alles unsere Schuld sei. In beiden Fällen ist die Wirkung gleich null. Du kannst aber auch verstehen, daß diese Wut für alle Weißen bestimmt ist, und sehen, was du daraus lernen kannst. Nicht böse weglaufen und brüllen: Jetzt unterdrückt ihr mich. Und auch nicht hilflos werden und schreien, wir sind auch alle Arschlöcher, wir können nicht anders, schlag mich noch einmal. Die meisten Männer sind dem nicht gewachsen, wenn sie mit dem ganzen überfälligen Ärger konfrontiert werden. Die sagen dann: Ich bin nicht „die Männer im allgemeinen", ich bin Klaas. Oder Kees. Aber anstatt sich so persönlich angegriffen zu fühlen, wenn wir über „Männer" reden, könnten sie sich auch umschauen und aufmerksam beobachten, was andere Männer anstellen. Mir nützt es sehr viel mehr, wenn Männer etwas aneinander verändern, als daß sie zu mir kommen und sagen: Eigentlich bin ich deiner Meinung. Das ist nett gemeint, aber mir wäre es lieber, wenn sie anderen Männern sagen würden, daß sie mit mir einer Meinung sind. Ich möchte gern, daß Männer verstehen, daß sie nicht fertig sind, wenn sie selbst nicht vergewaltigen und nicht schlagen und auch den Abwasch machen und die Mülleimer hinausbringen. Ich würde zum Beispiel wollen, daß Männer anfangen, darüber nachzudenken, wie sie andere Männer aufhalten können, Frauen zu mißhandeln und zu vergewaltigen. Ich habe sogar so ein Beispiel miterlebt: Ein Mann, der zu einer Freundin, die regelmäßig von demselben Mann belästigt wurde, sagte: Ich werde dafür sorgen, daß er aufhört. Nein, nicht beschützend und verbeugend, nicht mit dem Zwischenton: Das kannst du nicht allein. Sondern ganz normal, weil er es auch als seine Sache ansah. Es gibt sicher Männer, die dich „beschützen" wollen, aber oft aus den falschen Motiven heraus, weil du „seine" Frau, Freundin oder Tochter bist. Und nicht einfach, weil ein anständiger Mensch nicht ertragen kann, daß es Unterdrückung gibt. Auch wenn es dich nicht selbst betrifft. Das kommt selten vor, aber das gibt es schon. Ich finde es auch gut, daß es kleine Gruppen von Männern gibt, die über Pornographie nachdenken. Und daß es zum Beispiel innerhalb der Gewerkschaft Männer gibt, die dort Gruppen bilden, um auf Gewerkschaften Einfluß auszuüben. Oft können Männer das besser, weil sie eine andere Position haben. Ich möchte auch gern, daß Männer, die Machtpositionen haben, diese nicht einfach aufgeben, sondern sie richtig nutzen. Ein Gynäkologe, der in die Zeitung setzen läßt, er sei der Meinung, daß feministische Frauen, die über die schlechte Behandlung durch Frauenärzte empört sind, zum größten Teil recht haben, hat viel Einfluß. Es ist sicher nicht richtig, daß es so viele Männer gibt, die eher auf andere Männer hören, aber solange das noch so ist, können sie ihre Position gut gebrauchen. Nein, nicht so wie der Professor Illich, der die Ideen der Frauenbewegung klaute und sie dann der Öffentlichkeit so verkaufte, als seien sie auf seinem Mist gewachsen. Ich will keine Verbeugungen, kein Sich-selbst-auf-die-Schulter-Klopfen. Es geht anders. Das habe ich erlebt.

PETRA: *Jetzt mußt du mir noch eine Sache verraten. Hast du angefangen, anders über Männer zu denken, seit du selbst wieder eine Beziehung mit einem Mann hast?*

ANJA: Ich habe schon öfter gehört, daß die Leute sich darüber das Maul zerreißen. „Seit die Meulenbelt es wieder mit einem Mann treibt, muß die gesamte Frauenbewegung dran glauben." Es ist umgekehrt. Ich bin schon ein paar Jahre lang dabei, mir darüber Gedanken zu machen, was ich wollen würde, das Männer tun, und darüber nachzudenken, was alles mit Männern los ist, was mit ihnen passiert ist. Seit ich nicht mehr so verletzbar bin, weil mein Leben wirklich in Ordnung ist, fühle ich etwas mehr Raum, um mich mit der Männerfrage zu befassen. Daß ich auch wieder jemanden kennengelernt habe, den ich so toll fand, daß ich mit ihm eine Beziehung haben wollte, ist eine Folge davon, nicht die Ursache. Nein, ich habe nicht vor, einen neuen Trend ins Leben zu rufen. Ich sage auch nicht, daß wir jetzt wieder mit

Männern statt mit Frauen arbeiten müssen, das bitteschön nicht.

Aber ich glaube schon, das Nachdenken über die Männerfrage könnte ein Bestandteil unserer feministischen Strategie sein, ich finde nicht, daß wir das allein den Männern überlassen sollten.

Bildnachweis

Umschlagbild von Bignia Corradini: „Frauen XXXI". Acryl,
Pastellkreide auf Papier, 100 x 70 cm, 1976.

S. 9, 17: Fotos von Eva Besnyö, Amsterdam. Aus: Eva Besnyö,
„'n halve eeuw werk", Feministische Uitgeverij Sara,
Amsterdam 1982.
S. 45, 81: Fotos von Catrien Ariens, Amsterdam. Aus: Catrien
Ariens en Bertien van Manen, „Zelfportret", Feministische
Uitgeverij Sara, Amsterdam 1982.
S. 117: Foto von Robert Capa
S. 127: Foto von Bertien van Manen, Amsterdam. Aus: Catrien
Ariens en Bertien von Manen, „Zelfportret", Feministische
Uitgeverij Sara, Amsterdam 1982.
S. 139: Foto aus dem Katalog „Frauenalltag und Frauenbewegung
1890 — 1980", Stroemfeld/Roter Stern, 1981.

Literaturhinweise

Im Verlag Frauenoffensive erschien von Anja Meulenbelt:

— Die Scham ist vorbei. Autobiographischer Roman, 1978
— Für uns selbst. Körper und Sexualität aus der Sicht
von Frauen, 1981
— Feminismus. Aufsätze zur Frauenbefreiung, 1982

und zu im vorliegenden Buch behandelten Themen:

— Sheila Ernst/Lucy Goodison, Selbsthilfe Therapie. Ein
Handbuch für Frauen, 1982
— Monika Jaeckel, Wer — wenn nicht wir. Zur Spaltung der
Frauen in der Sozialarbeit; eine Streitschrift für Mütter, 1981
— An Luttikholt, Frauengruppen. Handbuch zur sozialen
Gruppenarbeit, 1983.

ANJA MEULENBELT

WIE SCHALEN EINER ZWIEBEL

ODER WIE WIR ZU FRAUEN UND MÄNNERN GEMACHT WERDEN

270 Seiten,   DM 24,--

Anja Meulenbelt untersucht in diesem Buch die Unterschiede zwischen den Geschlechtern auf drei Ebenen:

Die biologische: Ist Anatomie Schicksal? Haben Soziologen recht, die behaupten, von **Natur aus** seien Männer die Ernährer und Frauen die Mütter und Hausfrauen?

Die Geschlechtsrollen: Wie haben wir gelernt, uns wie Frauen und Männer zu verhalten?

Die psychologische: Freuds Sünden und das bahnbrechende Werk von Dinnerstein und Chodorow. Was ist mit uns geschehen, dadurch, daß unsere Mutter eine Frau war?

Nie zuvor in deutscher Sprache wurde die Entstehung der Geschlechtsunterschiede so umfassend analysiert und in leicht lesbarer Weise einem breiten Publikum zugänglich gemacht.

Frauenoffensive

DIE SCHAM IST VORBEI
Autobiographie von
ANJA MEULENBELT
Aus dem Niederländischen von
Birgit Knorr
ISBN 3—88104—044—7
298 S. DM 19,8o

„Feminismus ist nicht nur eine Theorie, sondern auch eine Art zu leben, verletzbar und widersprüchlich." Anja Meulenbelt beschreibt in ihrem autobiographischen Roman an dem Weg einer Frau, die sich nach gescheiterter Ehe und politischen Aktivitäten in der Linken zu einem Leben mit Frauen bekennt.
„Wirst du nun davon glücklich, von dem Feminismus, fragt jemand. Na ja, nein, manchmal, sage ich zögernd. Glücklich? Einfacher ist es sicher nicht. Wir überfordern uns regelmäßig durch unsere eigenen Ideale, bringen davon noch wenig zustande. Sisterhood is powerfull — it can kill you. Und doch können wir nur weiter vorwärts, wir können nicht mehr zurück ..."

FEMINISMUS
Aufsätze zur Frauenbefreiung von
ANJA MEULENBELT
Aus dem Niederländischen von
Barbara Dominick u. Silke Lange
ISBN 3—88104—118—4
295 S. DM 22.oo

Aufsätze aus der Zeit 1975 bis 1980 — ein Kompendium der Frauenfrage. Der Zusammenhang von Persönlichem und Politischem, Feminismus und Sozialismus, ökonomischer und psycho-sozialer Unterdrückung der Frau wird unter die Lupe genommen.

FÜR UNS SELBST
Körper und Sexualität aus der Sicht von Frauen
Text: Anja Meulenbelt
Interviews: Ariane Amsberg
Zeichnungen: Jolet Leehouts
Fotos: Sjan Bijman u. Bertien Manen
Aus dem Niederländischen von
Susanne Back und Ingrid Lübke
ISBN 3—88104—101—X
264 S. DM 24.8o

Ausgehend von den eigenen Bedürfnissen hinterfragt Anja Meulenbelt die traditionellen sexuellen Spielregeln und deren gesellschaftspolitischen Kontext. Sie bricht mit den Tabus, die weibliche Sexualität zum Schweigen verurteilt und Frauen das eigene Begehren abspricht. Gestützt auf Interviews und zahlreiche Aussagen werden u. a. sexuelle Beziehungen zu sich selbst, zu Frauen, zu Männern, Bisexualität, Vergewaltigung, Pornographie und die verschiedensten Therapieformen erörtert.

Frauenoffensive